KB115488

두 개의 목소리

두 개의 목소리

김민정
백수정
소히
안예은
연리목
오지은
요조
유병덕
흐른

이민희 지음

산디

우리는 노래한다

그리고 여성을 이야기한다

어떤 음악가에겐 두 개의 목소리가 있다

2017년 나는 한국대중음악상 선정위원 명단에서 빠졌다. 내가 선택한 일이다. 수상으로든 후보로든 지난 10여 년간 시상식을 다녀간 여성 음악가는 물론 여성 선정위원까지 현저하게 적다는 것이 마침 그해 기사화됐다는 것을 모르지 않았지만, 10년간 대중음악 평론가로 활동해왔던 나는 그해 출판사를 열면서 좋아하는 음악에만 마음을 열어도 되는 음악 애호가 시절로 돌아갔다. 사실 선정위원이란 직함이지 직업은 아니라서 본업이 달라졌다 한들 동시대 음악에 대한 열정과 감각을 잃지 않는다면 이어갈 수도 있는 일이다. 소수의 동료가 꼭 그래야 했느냐 물었던 것도, 이제 남은 여성 선정위원이 몇 명인지 아느냐고 물었던 것도 그래서였다. 약간의 원망이 섞인 그런 말들이 몹시 미안하고 고마워 이것이 과연 적절한 결정이었을까 의심했지만, 음악이 내 삶에서 갖는 지분과 의미가 전과 달라졌음을 인정하는 것이 먼저라고 생각했다. 나는 음악보다 책에 더 많은 힘과 정신을 쏟고 더 큰 기쁨과 보람을 가져가는 출판인이 되었다. 따라서 음악이란 젠더 이전에 자격을 냉정하게 점검해야 하는 분야가 되었다.

일이 달라지고 삶이 달라졌지만 내가 할 수 있는 일을 하기로 했다. 그렇게 벌인 일은 대중음악 평론가 경력을 바탕으로 할 수 있는 마지막 작업이라 생각하고, 지난 10년간 했던 일이기도 하면서 지난 10년간 못 했던 일이기도 하다. 일단 2017년 여름부터 2018년 봄까지 음악가 아홉 명을 몇 차례씩 만나 기나긴 인터뷰를 진행했다. 노래와 앨범이라는 작품을 살핀 뒤 질문을 준비하고 답을 정리하는 것은 익숙하기도 하거니와 내가 가장 좋아하는 작업이다. 그러나 거기에 여성을 둘러싼 다양한 문제의식을 더하는 일은 그동안 필요를 몰랐던 까닭에 발상조차 불가능했던 영역이다. 여전히 자질은 의심스럽지만 그런 작업을 감히 구상한 뒤 진행하고 마감할 용기를 스스로 찾았을 만큼 최근 몇 년 사이 나는 많이 변했다. 단순히 직업이 바뀐 게 아니라 시야는 물론 감정과 반응과 관계와 욕구까지 달라지면서 통째로 내가 변했다. 화를 이기지 못하고 폭풍 같이 말을 쏟아내다가도 그간 외면해왔던 분야의 책을 열었다가 울컥해지는 일이 반복됐다. 어쩔 줄 모르고 오르락내리락 출렁거리는 동안 오늘의 나는 어제의 나와 같지 않다고 확신하는 날들이 늘었다. 소히에 따르면 이런 변화는 명확한 계기를 필요로 하지 않는다. 언젠가는 그냥 찾아온다. 나는 이것을 페미니스트의 각성이라 부르고 싶어진다.

어떤 말과 글 앞에서 분노하고 다른 말과 글 앞에서 연대하게 된 나는 새로운 말과 글을 나눌 사람들을 찾아다녔고 덕분에 할 말과 쓸 글을 얻었다. 비슷한 각성을 나눌 사람들은 먼 곳에 있지 않았고 어느 분야에나 있었지만 첫 번째 대상을 노래하고 연주하며 창작하는 음악가로 한정했다. 음악가는 지난 10년 대중음악 평론가로 일해왔던 내게 음악에 대한 애정과 경험으로 얻은 기술을 섞어 결과를 만들 수 있는 가장 가까운 직업군이다. 한편으로는 페미니즘이라는 용어를 빌리지 않아도 그동안 공들여 작품을 하고 평가를 확인했던 여성이거나 그런 여성을 관찰해왔던 입장이라면 페미니즘 관점에서 나눌 이야기가 많을 것이라 생각했다. 알려진 음악가이기 때문에 그들 경험과 주장의 영향력을 기대하면서도, 알려진 이름들이 페미니스트 선언으로 얻을 불이익도, 마음이 좀 복잡하지만 반드시 염두에 두고 배려해야 할 부분이었다. 그러나 일부러 그렇게 짠 것이 아닌데 결과적으로 페미니즘을 통해 변하고 자긍심을 찾은 페미니스트 음악가가 모였다. 각성의 시기와 계기가 저마다 달랐을 뿐이지 내가 겪은 요란한 파동을 그들 모두가 경험했고 남성 음악가도 예외일 수 없었다. 그들에겐 두 개의 목소리가 있다. 음악에 필요한 육체적인 목소리가 있고 여성을 이야기하는 정신적이고 정치적인 목소리가 있다.

//////////

원고가 쌓이면 서문에 쓸 내용도 차차 정리되어야 하는데 막판까지도 갈피를 잡지 못했다. 원인은 좀 복잡하다. 가슴에 뭐가 너무 많이 생겨서 그걸 글로 배열하는 작업이 고통스럽기도 했지만 더 큰 이유는 나라는 인간의 모자란 됨됨이에 있었다. 내가 무려 책을 통해 페미니스트 선언을 한다고 했을 때 어이없다며 나를 비웃을 사람들, 혹은 진작 사과해야 했을 미안한 인연들부터 떠올랐다. 페미니스트라면 절대로 하지 말았어야 할 부끄러운 언행과 기록이 발목을 붙들고 있다는 것인데, 나는 비슷한 경험을 유병덕에게 물은 뒤에 요약을 고민해야 할 긴 답을 들었고 요조는 내가 묻기도 전에 과거에 대한 후회와 죄책감을 알아서 토로했다. 김민정과 백수정은 페미니스트임에도 불구하고 여자가 여자를 미워하는 모순을 이야기했다. 내가 페미니스트인데 이래도 될까, 쟤는 페미니스트라면서 저래도 될까 하는 질문은 다른 차원으로 나아가기도 한다. 소히는 페미니즘이 때때로 도덕으로 간주되는 것 같아 의문이라 말했다.

내가 겪고 우리가 겪는 갈등에 대한 따뜻한 답을 이미 선구적인 페미니스트가 남기고 떠났다는 것을 나는 뒤늦게 알았다. 버지니아 울프는 썼다. "페미니스트는 자신의 삶에 관한 진실을 말하는 모든 여성이다." 우리는 오래된 지침을 따라 페미니즘으로 인해 겪게 된 바람직한 변화는 물론 '나쁜 페미니스트'의 후회와 혼란에 대해서도 솔직하게 나누기로 했다. 동시에 삶과 예술을 말하기로 했다. 모두가 음악을 발견한 순간에서 시작해 작품과 무대를 오가며 얻은 성취와 고민을 이야기했고, 그 과정에서 여성이라서 겪은 일과 동료 여성 음악가를 관찰한 바를 나눴다. 요조는 이른바 '홍대 여신' 프레임에 더할 말이 많았다. 안예은은 이른바 '메갈 인증'으로 〈K팝스타〉 시절보다 더 많은 기사가 쏟아졌던 음악가다. 오지은은 며느리 역할이 부여되자 작업 일정과 명절 사이에서 고민하게 되었고, 연리목의 창작과 무대 사이에는 그만큼 깊게 고려했던 임신과 출산과 육아가 있다. 백수정은 여성 연주자에 따르는 낮은 기대치를 말했고, 소히는 여성 프로듀서의 부재를 지적했다. 나를 만날 때마다 매번 여성 동료와 함께 나타났던 유일한 남성 음악가 유병덕은 여기 껴도 되는 것인지를 지금까지 고민하고 있다.

　　책에 참여한 음악가의 절반 가량은 최근 몇 년 사이 온라인을 통해 이루어진 각성을 이야기했다. 페미니즘을 만난 덕분에 그간 음악을 하면서 겪고 인지했던 복잡한 층위의 성별 문제를 더 깊게 들여다볼 수 있었다고 공통적으로 말했다. 흐른은 달랐다. 1990년대 후반 대학 시절 이미 여성주의를 만났고 이어서 여성을 학문의 관점에서 파고들어 여성과 음악과 연결해 논문을 썼다. 흐른과 어울렸던 소히는 2000년대 중후반 여성주의를 알았고 깊은 회의가 찾아와 페미니즘을 내려놓은 시기가 있었다가 최근 미투와 관련해 매체의 연락을 받았다. 두 음악가를 통해 지난 20년간 페미니즘의 지형이 어떻게 달라졌는지를 확인하기도 했지만, 동시에 파급력의 차이만 있을 뿐 페미니즘이 지적하고 지향해 왔던 바는 늘 같았음을 알 수 있었다. 이처럼 음악가 각각이 쌓아온 지식과 정보, 추구하는 음악은 물론 작업실과 무대와 매체를 오가는 동안 누적된 경험은 당연히 다르다. 그러나 그들은 결국 묶일 수 있었다. 단순히 그들 직업이 같아서라고 말할 수 없다. 유병덕이 곧 말할 것인데, 나쁜 것과 부당한 것을 나눌 때 관계는 보다 단단해질 수 있다. 오지은도 곧 말할 것이다. 페미니스트는 페미니즘에 대해 생각하는 사람이다.

////////

　　최근 몇 년 사이 페미니스트 선언에 동참한 이들과 마찬가지로 나도 페미니즘을 거창하고 대단한 것으로 여겼던 시간이 길었다. 필요한 이론이자 학문이라 생각은 했으되 그걸 내 삶에 가져오려 하지 않았다. 내 삶의 문제는 나한테 있거나 다른 데에 있지 페미니즘이라는 거대담론과 무관하다 생각했고, 페미니스트라는 낙인과 냉소가 두려워 일부러 밀어냈다. 그러나 나는 변했다. 내 안의 페미니즘이 변했고, 그래서 페미니즘은 감히 내 수준에서도 다룰 수 있는 주제가 되었다. 내가 찾은 페미니즘은 성별 불문으로 인간의 인생을 따라가면서 발견하는 성 역할에 관한 오늘의 질문이고, 질문을 통해 오늘보다 나은 다음을 언젠가 만들 수 있다는 가능성이다. 내가 여기서 적용했던 방식이기도 하다. 그래서 내가 만난 모든 음악가에게 삶을 물었고 일과 예술과 사건을 물었다. 거기까지만 갔는데도 작품에 대한 음악가의 열정과 고민 사이에 나눌 만한 문제와 변화가 있어 구하고자 했던 답이 거의 대부분 바로바로 나왔다.

　　나의 페미니즘을 찾았으니 나는 명백한 페미니스트

이고, 직업으로 책을 하는 나는 전달자다. 음악가 각각이 들려준 귀한 이야기를 훼손 없이 실어나르는 일에 주력했지만 기계적인 일꾼이 되지는 못했다. 매번 전달자 역할과 페미니스트 정체성 사이를 혼란스럽게 오갔다. 오지은의 노래와 무대를 두고 누군가 던진 성적인 말에 화가 많이 났고 요조가 음악 외적으로 무수히 들어왔던 피로한 말 앞에서 좀 무기력해졌다. 유일한 남성 음악가 유병덕한테는 압박이라는 걸 알면서도 말꼬리를 잡고 늘어진 부분이 있다. 흐른의 연구자 시절을 따라가려 했지만 그만한 깊이가 없어 좀 많이 쫄아 있었다. 안예은이 초등학생 시절부터 경험했던 온라인 환경은 스무 살에 인터넷을 접한 내 관점에서 썼다. 성폭력 생존자 소희와 엄마가 된 음악가 연리목은 가장 많은 수정이 따랐는데, 각각의 입장에 대한 몹시 부족한 이해로 전달에 사용한 용어와 표현이 대체로 올바르지 못했기 때문이다. 이처럼 나는 개입하고 공감하고 유도했지만 정확하지는 못했다.

　　나는 원본이 있어야 무언가 쓸 수 있다. 긴 시간 집중했던 원본은 음악이었고, 여기서 원본은 음악인 동시에 사람이다. 사람은 음악보다 복잡하고 추상적이라 훨씬 강력하고 매력적인 원본이다. 원본이 어려운 것은 둘째 치고 글감을 나로부터 찾지 못한다는 점에서 이는 의존적이고 제한적인 글쓰기라는 것을 잘 알고 있지만, 훌륭한 원본에 묻어간 거의 모든 글에 내가 조금은 있었다고 생각한다. 사실 그게 편했다. 별 것 없는 인간은 원본 틈에 잘 숨을 수 있고 적당히 위장까지 할 수 있다. 그러나 여기서는 제대로 숨는 일에 자주 실패했다. 나는 노래하고 연주하고 창작하는 사람이 아니지만, 부끄러운 것이 많다 한들 부당함을 깨닫고 변화를 요구하는 일에 적극적으로 동참하고자 하는 여성이다. 그래서 주로 경청하면서도 내가 듣고자 하는 이야기를 얻어내려 질문지를 짰고 더러는 내 의견을 넣었으며 실수가 있었고 교정이 따랐다. 따라서 이것은 복사된 진실이자 편집된 진실이다. 여성의 관점에서 음악과 사람을 글로 정리하는 일은 도저히 기계적일 수 없었다.

////////

　　요조 인터뷰는 유일하게 내가 사는 집에서 이루어졌다. 음악가이자 책방사장 요조는 거실 책장 한가운데 열린 '우리집 페미니즘 도서전'을 금방 알아봤다. 책을 하기 전부터 조금씩 채우기 시작해 책을 하면서 폭발적으로 늘어난 코너다. 요조는 내게 가장 만족스러웠던 책을 물었고 나는 리베카 솔닛의 책 두 권을 짚은 뒤에 요조의 책을 되물었다. 곧 나올 말이지만 요조는 답을 바로 주지 않았다. 고민이 많이 필요하다 했고, 며칠 뒤 페미니즘에 눈뜬 여성에겐 어렵고 무거운 책을 읽을 직관과 끈기가 있다는 내용으로 글을 보내왔다. 그 말은 다른 음악가를 만나 다시 이어졌다. 흐른은 공부하던 시절 〈자본론〉까지 읽었으면서 페미니즘 책을 어렵다고 말하는 남성을 만났다. 소히는 페미니즘 책이 억지 논리를 설파한다면서 읽을 시도조차 안 했던 남자친구를 떠올렸다. 요조가 시작한 책과 여성에 관한 이야기는 다시 요조로 마무리된다. 요조는 최근 경향신문에 800페이지에 달하는 수전 팔루디의 〈백래시: 누가 페미니즘을 두려워하는가?〉에 관해 썼다.

이 모든 대화의 배경에는 원고를 마무리하는 작은 코너로 준비한 '나의 페미니즘 교과서'가 있다. 모든 음악가에게 장르 불문으로 오늘의 나를 만든 페미니즘 작품을 물었다. 김민정은 페미니즘을 표방하지 않은 책으로부터 페미니즘 논의를 읽은 결과를 말했다. 백수정은 SNS에서 시시각각 취하고 버리는 교육을 말했고 오지은은 넷플릭스로 갔으며 유병덕은 여성인권단체가 발행하는 전단을 권했다. 흐른은 1990년대 젠더 연구를 살펴볼 만한 답을 건넸고 연리목도 같은 시대를 다녀간 뒤에 임신과 출산과 육아에 참고했던 책을 일러주었다. 안예은은 조금 곤란했다. 처음 만나 책부터 영화와 드라마까지 열 편쯤을 꺼낸 뒤 다시 만나 까먹었다며 다섯 편쯤을 더하는 바람에 추려야 했다. 그런 맥락 없이도 페미니스트 작가 록산 게이의 기록을 빌려 스스로를 '나쁜 페미니스트'라 지칭한 음악가도 여럿이다. 불완전한 페미니스트임을 설명하기 위해 동원했던 표현을 거듭 접하면서 나는 책의 역할과 가치를 새삼 실감할 수 있었다. 여성을 다룬 훌륭한 작품은 우리에게 필요한 언어를 만들어주고 표현을 다듬어준다. 모두가 그걸 알아 뭘 많이 보고 읽었다. 나도 그랬다. 페미니즘 서가 구성이란 일에 대한 참고 자료 확보를 넘어 평생 가져가야 할 과업이 되었다.

책을 늘 엄숙하게 여겨왔는데 어쩌다보니까 출판이라는 거대한 시장에 숟가락 몇 개를 올리는 사람이 되었다. 하는 동안 고민하고 몰입했어도 다 마치고 났더니 내 숟가락은 티스푼 정도인 것 같다. 사실 크기만 봐서는 놀부 주걱을 뛰어넘는 값진 말들에 굉장히 큰 빚을 지고 있지만 거기 내 이름을 붙여 마무리한다고 생각하니 위축되고 마는 것이다. 알아서 극복해야 할 태도니까 그런 소극적인 말은 적당히 하기로 하고, 책을 하는 동안 누릴 수 있었던 풍요롭고 진실한 감정을 기쁜 마음으로 쓰고자 한다. 말을 글로 옮기는 동안 나는 전달자로서 좀 괴로웠다. 그건 쓰는 사람한테 늘 따라다니는 직업적인 고통이다. 하지만 말을 글로 맺으면서 페미니스트로서 많이 행복했다. 그건 전까지 없었던 자기 긍정이자 새롭게 획득한 자부심이다. 내가 만난 음악가에겐 두 개의 목소리가 있다. 그래서 음악을 화두로 노래의 기쁨과 슬픔을 말하고, 여성을 화두로 과거를 돌아보고 오늘의 용기와 바라는 미래를 나눈다. 앞으로도 그들 모두의 삶에서 계속될 이야기의 허리 쯤에 나는 잠시 다녀왔다. 거기 내가 하고 싶은 일이 있었고 할 수 있는 일이 있었다. 거기엔 심지어 나도 있었다. 나는 부족할지언정 혼자가 아니다.

2018년 4월 이민희

차
례

"나는 펑크야"

김민정 (에고펑션에러) 라이엇 걸

1987년생. 에고펑션에러의 보컬리스트다. 2012년 밴드에 합류한 뒤 데뷔 앨범 〈Ego Function Error〉(2015)를 발표했다. EP 〈EpEpShake〉(2016)에 이어 2집 〈EGO FUN SHOW〉(2018)부터 가사를 적극적으로 쓰기 시작했다. 무대에 설 때마다 몸이 부서져라 공연하고 있다.

facebook.com/waxheart0424
instagram.com/waxheart0424

6년차 가수 김민정은 공연이 끝나면 늘 근육통에 시달린다. 주말 공연이 연달아 이어질 때는 앓아 눕기도 했다. 그럴 만하다. 김민정이 활동하는 밴드 에고펑션에러의 공연은 사정없는 육탄전에 가깝다. 다른 멤버들도 흐름을 타고 함께 몸을 격하게 흔들기는 하지만 그래도 본분이 연주라 악기 파손까지 가지 않는 선에서 조절하는데, 마이크 말고 별도의 장비를 쓰지 않는 보컬리스트 김민정은 접시가 깨지도록 노래하는 한편 팔다리가 부서져라 뛰고 눕고 춤추고 구르며 무대를 누빈다. 밴드의 기타리스트 김꾹꾹은 그런 김민정을 두고 늘 말해왔다. "너는 펑크야." 쑥스럽지만 김민정은 그 말을 들을 때마다 가슴이 뜨거워진다. 약간 울렁거리기까지 한다. 어떻게 살아야 할까를 고민하게 만드는 어려운 말이기도 한데, 사실을 말하자면 늘 그렇게 살고 싶다.

나의 펑크는 장르가 아니라 정신이다

에고펑션에러 음악을 펑크로 단정해도 될까 싶었다. 잘못된 질문이었을까. "뭐라고요?"에 가까운 반응이 돌아왔다. "속상해요. 이미 공연 많이 보셨잖아요. 그렇게 펑크를 하는 데도 티가 안 난다는 얘기 같아서요." 오해를 풀어야 했다. 나와 김민정은 깍듯하게 존댓말을 쓰지만 다행히도 말을 기다려줄 수 있는 관계다. 에고펑션에러의 펑크는 설명이 필요한 펑크다. 사전적인 의미의 펑크는 빠른 호흡의 리듬, 코드 세 개면 충분하다는 확신을 바탕으로 하는 단순한 멜로디와 직관적인 연주, 본능적인 육성, 때때로 실리는 정치적 메시지를 기본으로 한다. 에고펑션에러의 음악에 있기도 하고 없기도 한 특징이라 그들 음악을 펑크로만 한정하는 것이 나는 어쩌면 부당할 수 있다고 생각했다. 펑크의 규칙을 따를 때도 있지만 그보다 훨씬 복잡하고 다채로운 음악적 결과를 추구하기 때문이다.

에고펑션에러의 기타리스트 김꾹꾹은 능란한 테크니션이다. 펑크의 문법 바깥에서 언제든 더 어렵고 깊이 있는 연주를 들려줄 수 있다. 노래하는 김민정 또한 연주의 흐름을 따라 언제든 돌변한다. 내가 아는 김민정은 트로트를 주문해도 기가 막히게 소화할 수 있을 정도로 표현 범위가 넓은 사람이다. 그래서 에고펑션에러는 드문드문 굉장한 몰입의 연주로 사이키델릭의 세계에 뛰어들기도 하고, 멜로디를 부각한 노래로 쉬어갈 시간을 마련하기도 한다. 펑크 말고도 표현할 수 있는 내용과 재량이 있다고 확신했으니까 여러 가지 음악적 기술을 섞은 것이다. 에고펑션에러의 펑크는, 형식이 아닌 정신이다. 그리고 메시지다. 가사를 통해 실어 나르는 저항과 반항의 태도, 그리고 무대에서 몸이 부서지도록 와르르 쏟아내는 에너지를 의미한다. 펑크라는 장르와 역사에 대한 엄청난 존중이 있지만 형식을 반복하는 건 재미없다고 느낀다. 솔직히 좀 지겹다. 그래서 다 부수고 싶다. 펑크의 정신은 유지하되 형식은 풍요롭게 가져가겠다는 것이고, 거기서 펑크 밴드의 자긍심이 나온다. 이는 에고펑션에러가 찾은 펑크의 틈새시장이다.

2012년 처음 합주를 시작했을 때부터 에고펑션에러는 이런저런 고정관념을 깨자는 것을 활동에 있어 가장 중요한 명분으로 삼았다. 여자는 여자다워야 하고 남자는 감정 표현을 아끼고 강하게 보여야 한다고들 생각하는데, 밴드로 활동하는 한 이런 인식을 엎어보자는 얘기를 처음부터 많이 했다. 젠더가 뭔지 그때는 잘 몰랐어도 펑크가 무엇인지 알았기 때문에 가능했던 의문이자 답이다. 낡은 인식에 저항하는 것이 펑크다.

한편 에고펑션에러는 펑크의 DIYDo It Yourself 정신을 중요하게 여기고 따른다. 전문가의 도움 없이 스스로 모든 것을 해결한다는 약속으로, 1970년대 런던과 뉴욕에서 펑크를 표방하고 나타난 밴드들이 실천했던 대표적인 가치이기도 하다. 펑크 밴드라 하면 책임감을 모르는 방탕한 청년 그룹이라 생각할 수 있지만 오산이다. 할 일이 많다. 곡도 쓰고 가사도 써야 하고, 녹음 스케줄 잡고 마스터링까지 다 하는 것은 물론 디자인과 성가신 잡무도 스스로 다 해치워야 해서 직접 접촉해 거래히는 업체가 진뜩이다. 앨범 나왔다고 끝이 아니다. 공연도 알아서 기획하고 일정을 잡아 무대에 올라야 한다. 이런저런 기관에서 예술가를 지원하는 사업 계획안이 나올 때면 더 바빠진다. 그럴 땐 통과하기도 어렵지만 통과했다면 직장인의 업무 지시 방식을 따라 활동 계획에 대한 서류도 잔뜩 써야 하고 예산도 투명하게 집행해야 한다. 의견은 멤버들과 고루 나누되 결정과 전달과 책임에 대한 부담은 한 사람이 짊어져야 진행이 수월해지는데, 그걸 주로 김민정이 한다. 아티스트는 창작만 하면 되고 다른 일들은 회사가 다 해결해준다고 생각하기 마련이지만 그건 뼛속까지 펑크를 추구하는 김민정의 밴드가 일하는 방식이 아니다.

밴드의 리더 김꾹꾹은 10여 년 전부터 걸 펑크 밴드

라는 미래를 구상했고, 김민정을 만난 뒤 꿈을 실현했다. 김민정은 에고평션에러의 펑크 정체성에 가장 열광했던 멤버다. 늘 큰 소리가 좋았다. 무대를 꿈꾸던 시절부터 공연이 너무 좋아 거기 풍덩 빠져서 살고 싶었고, 그렇게 큰 소리를 내는 밴드의 일원이 되어 말할 수 없이 행복했다. 무대 위의 김민정은 지금도 흥분을 가득 안고 펑크의 특징을 고스란히 몸으로 드러내느라 바쁘다. 김민정의 역할은 노래이기도 하지만, 나아가 악기를 맡고 있는 동료들의 힘과 감각을 죄다 흡수한 뒤에 객석을 당황하게 만들 만큼 확장하는 일이다. 늘 얼굴이 벌개지도록 목소리 높여 노래하고, 단순히 몸을 흔드는 것을 넘어 머리와 옷이 엉망이 되도록 몸을 굴려 무대를 완성한다. 가끔 막 욕도 한다. 그러면서 관객을 빨아들인다. 객석이 텅 비어 있는 가슴 아픈 날에도 김민정은 한결 같다. 그런 김민정을 보면 라이엇 걸riot grrrl이 생각난다. 1990년대 초반 미국 워싱턴 클럽을 중심으로 등장한 펑크 운동을 부르는 말로, 그들은 여성이었다. 그리고 페미니스트였다. 파괴적인 무대 연출로 펑크는 남성의 음악이라는 도식을 깨부순 주역이다.

삐삐밴드로 시작한 펑크

눈치 볼 줄 모르고 무대 위에서 날뛰는 김민정을 볼 때면 삐삐밴드 이윤정이 생각난다. 비슷하게 쨍하는 목소리로 파격적인 무대를 선보이기 때문인데, 청소시간을 기다렸다가 대걸레를 스탠딩 마이크 삼아 노래하던 학창 시절부터 그랬다. 어쩌다 감기에 걸릴 때면 목이 상하는 줄도 모르고 달라진 목소리가 마냥 반가워 더 신나게 불렀다. 친구들의 칭찬이 쏟아졌다. "주주클럽 진찌 잘 어울린다, 니." "삐삐밴드는 진짜 똑같은데?" 모방할 대상은 넘쳤다. 어린 날 아버지 차에서 들었던 임주리와 윤복희부터 가창력의 교과서 휘트니 휴스턴과 토니 브랙스톤에 이르기까지 닥치는 대로 외워 따라 불렀다. 언제나 칭찬만 돌아왔던 건 아니다. 중학교 3학년 여름과 겨울 방학을 김민정은 "나만 행복했고 가족은 괴로웠던 시간"으로 기억하고 있다. 머라이어 캐리의 'Hero'를 연습하던 날은 잠도 안 잤다. 급기야 아버지가 방문을 발로 찼다.

어머니의 반응은 아버지와 많이 달랐다. 특히 김수희와 패티김의 노래를 부를 때면 더 많은 조언이 따랐다. "그렇게 부르면 안 돼. 목에 힘을 빼야지." "땍땍거리면서 노래하고 있지만 사실 내 영혼은 성인가요에 있다"고 말하는 김민정은 어머니의 노래를 흉내내면서 자랐고, 딸이라서 그나마 이만큼 하는 거지 여전히 어머니의 노래가 더 훌륭하다 생각한다. 그리고 어머니로부터 나온 노래가 미래를 열어줄 것이라 믿고 고교 시절 내내 스무 살이 되면 독립하겠다고 노래를 불렀다. 계획과는 달랐지만 그래도 늦지 않게 실현된 꿈이다. 광주에서 태어나 익산에서 자란 김민정은 2008년 스물두 살 봄 홍대입구역 근처 어느 고시원에 짐을 풀었다.

서울엔 과연 봐야 할 공연이 넘쳐났다. 구인광고하는 밴드도 상당했다. 공연을 보는 건 예나 지금이나 들뜨는 일이지만 오디션은 그냥 그랬다. 십대 시절 친구들의 지지 덕분에 동일시할 수 있었던 김윤아나 주다인처럼, 혹은 이윤정처럼 되지 못했다. 그웬 스테파니처럼 혹은 에이브릴 라빈처럼 불러보라는 주문에 늘 더 잘 부르려 애쓰다 망쳤다. "몸만 엄청 달아 있었지 그땐 노래 진짜 못했던 것 같아요." 계속 오디션에 매달린 끝에 어느 일렉트로니카 밴드의 데모 작업에 참여하게 됐지만 막상 녹음이 시작되자 견디기 어려워 뛰쳐나왔다. 부르라는 노래가 이상하게 맞지 않는 옷 같았다. 클럽에 가서 누굴 꼬시고 하는 내용이었는데, 김민정은 그래본 적 없으며 그럴 자신도 없었다. 불러야 할 가사는 입에 좀처럼 맞지 않았고 노래하는 환경도 낯설었다. 겁이 났다. 사람들 앞에서 노래하는 것만 생각했지 그걸 녹음이라는 방식으로 표현하는 걸 생각해본 적이 없었다. 포기했다. 그때를 떠올리면 아직도 미안하고 부끄러운 마음이 한 가득이다.

한계를 깨닫고 객석으로 돌아갔다. 무대를 얻지는 못했지만 무대에 보다 가까이 다가가고 싶어 서울에 왔고, 오디션에서 무참히 깨져도 즐길 공연이 많아 고시원 생활을 견뎠다. 특히나 홍대 앞 놀이터는 객지 생활에 적응하던 시기 김민정이 가장 많은 시간을 보낸 구역이다. 음악을 꿈꾸는 아직 가난한 청춘들이 거기서 거의 매일 무대를 민들고 있었다. 김민정은 아르바이트 끝나고 달려와 공연을 보다가 분위기가 고조되면 편의점에 가서 맥주를 사올 수 있었던 거의 유일한 자본가였다. 밤이면 노래에 또 술에 다들 취했고, 그럴 때면 부르는 사람과 듣는 사람의 경계가 사라져 모두가 다 같이 꽥꽥 노래를 불렀다. 그리고 김민정이 술에 취해 부르는 노래를 예사롭지 않게 관찰한 사람이 있었다. 굳이 무얼 한다 스스로 말하지 않아도 누가 봐도 음악하는 사람이라 알아볼 수 있었던 김꾹꾹이다. 김민정에게 밴드를 제안한 뒤로 잊을 만할 때쯤이면 근황을 묻는 문자로 김민정을 관리했던 김꾹꾹은 2년 뒤 약속을 지켰다. 마침내 김민정은 에고펑션에러의 보컬이 되었다.

여자를 미워하는 어려운 일

에고펑션에러는 기타리스트 김꾹꾹을 제외하고 전 멤버가 여성이다. 유일한 남성 멤버 김꾹꾹은 웨이브가 살아 있는 긴 머리를 하고 메이크업에 공을 들이며 겨울이면 레깅스를 챙겨 입는다. 전략이 아닌 정체성으로, 보다 정확하게 말하자면 크로스 드레서 시스젠더 헤테로 남성이다. 걸 펑크는 김꾹꾹의 오래된 취향이자 야망으로, 실용음악학과에 다니던 시절 모두가 재즈 스타일로 연주할 때 혼자 전형을 따르지 않아 눈여겨봤던 동창 베이시스트 미희(이승현으로 교체)를 이미 10여 년 전부터 묶어놨다. 클래식을 전공한 뒤 뒤늦게 기타 레슨을 받고자 김꾹꾹을 찾아왔던 키보디스트 김도나(탈퇴)도 영입했다. 이어서 칼 같은 연수를 싫어하는 김꾹꾹이 구인을 통해 "해적 같은 드러머"라 표현하는 노자를 발견했다. 김민정은 마지막 퍼즐이다.

김민정이 왔을 때 이미 에고펑션에러는 밴드의 구색을 갖추고 있었다. 실력도 출중했는데, 그간 공연에 꽤 많은 시간과 돈을 투자해왔던 김민정이 그걸 모를 리 없었다. 과연 껴도 되나 싶을 만큼 연주가 장난이 아니었다. 흥분과 긴장을 안고 합주실에서 처음 시작했던 노래는 박인수의 '봄비'였다. 그러다 애니멀스의 'House of Rising Sun', 아이언

버터플라이의 'In-A-Gadda-Da-Vida' 같은 사이키델릭으로 갔다. 연습이 이어지면서 새로 접하거나 재발견하는 록의 영웅들이 쌓여갔다. 신중현의 기나 긴 음악 인생이 특히 그랬다. 뭘 시킬 줄 모르고 연습 삼아 1년 동안 카피에 주력했던 그때가 돌이켜보니 가장 행복했던 시절이다. 창작곡은 3-4개월에 한 개쯤 나왔다. 언젠가 실현될 공연과 앨범을 염두에 두고 이루어진 연습이었지만 구체적인 미래를 생각할 겨를도 없이 마냥 이대로 시간이 멈췄으면 했다.

그런데 이상했다. 김민정은 김꾹꾹을 보고 들어왔는데 밴드에 합류한 뒤로는 키보디스트 김도나와 더 많이 소통하게 되었다. 김꾹꾹이 연주를 총괄하는 동안 김도나는 팀 전체를 지휘하면서 노래에 개입했기 때문인데, 김도나는 김민정더러 자꾸 아이처럼 더 귀엽게 노래할 것을 요구했다. 춤도 추라 했다. "너 원래 그러고 살잖아. 좀 더 자연스럽게 해봐. 너답게." 김도나한테는 김민정이라는 동료를 객관화할 수 있는 눈이 분명 있었고, 그런 시야로 김민정의 매력을 최대치로 끌어올리고자 했다. 김민정도 김도나가 주문했던 혀 짧은 소리를 잘 내기는 했다. 춤도 잘 췄다. 그런데 그건 할 수 있었던 표현이지 마음이 원해서 나온 결과가 아니다. 더 잘할 수 있는 노래와 더 자연스럽게 나오는 퍼포먼스는 따로 있었는데 그건 늘 아니라는 답이 돌아왔다. 어쩔 수 없이 지시를 따라 연습한 뒤에 연출한 각본대로 녹음했고, 녹음이 끝난 뒤에 화장실에서 많이 울었다. 김도나는 김민정이 좋아하고 동경하는 사람이라 반대 의견을 내기 더 어려웠다. 4년간 끙끙하다가 1집 〈Ego Function Error〉(2015)가 나왔을 때 터졌다. 억눌린 감정이 폭발했고, 김도나를 제외한 모든 멤버가 김민정의 편에 섰다. 그리고 끝났다. 에고펑션에러는 여전히 공연하지만 그날 이후 김도나와 공동작곡한 1집 수록곡을 부르지 못한다. 법이 따라오는 문제가 되었다.

김민정은 한때 김도나의 집념을 사랑했다. 자신과 달리 감정에 휩쓸리지 않고 원하는 모든 것을 관철하는 사람이라 생각했고, 그런 건 자기한테 없는 자질이라 배워야 한다고 느꼈다. 그런데 그 집념의 대상이 김민정 자신이 되자 복잡해졌다. 목적이 돈이었다면 차라리 쉬웠을지 모른다. 권력관계라 말하기엔 둘이 가진 권력이라는 것이 참 보잘 것 없다. 김도나의 주문이란 부당한 요구가 아니라 불편한 요구였을 뿐이다. 결국 자존심 문제였던 까닭에 심각하게 감정이 깎였다. 이제 와서 생각해보니 김도나한테 고마운 것도 많고 그동안 겪었을 어려움도 안다. 이해되는 부분이 있다고는 해도, 그러나 일방적인 소통 사이에서 맺힌 상처가 사라지진 않는다. 말로 불편을 이야기하고 합의에 이르는 기술을 진작 연마해뒀다면 좀 더 올바른 결론을 내릴 수 있었을까. 지금이라면 대화가 통할까. 이런 감정은 후회일까 원망일까. 여자가 여자를 미워하는 건 어려운 일이다. 페미니즘에 눈 뜬 뒤로는 더 혼란스럽다.

여자이기 때문에 펑크를 해요

그러나 미움의 문제로 고민하기에 세상엔 사랑하고 존경해야 마땅할 훌륭한 여성이 더 많다. 노래하면 할수록 그런 여성은 더 많이 발견된다. 참고할 만한 여성 음악가가 여럿이지만, 최근 몇 년 사이 특히 면밀하게 관찰했던 대상은 신디 로퍼다. 신디 로퍼 이야기가 나오자마자 급 흥분한 김민정은 휴대전화에 저장된 사진을 연달아 보여주면서 너무 예쁘지 않느냐 계속해서 물었다. 사진첩을 덮고 말하기를 그 유명한 'She Bop'(1984)은 어디서든 들리는 노래였지 흡수되는 느낌은 아니었는데, 밴드를 시작한 뒤에 신디 로퍼는 가장 확실한 우상이 되었다. 1983년부터 지금까지 이어지는 1953년생 신디 로퍼의 노래는 단순한 재능의 연대기가 아니다. 그 사이 등장하고 사라진 수많은 여성 음악가들에게 보내왔던 명확한 메시지라고 김민정은 생각한다.

김민정은 얼마 전에 베트 미들러가 주연한 영화 〈로

즈〉(1979)를 봤다. 작품을 통해 재니스 조플린을 연기한 배우 미들러는 김민정의 가슴을 치는 대사를 남겼다. "나는 블루스를 해요. 여자로 태어났기 때문에." 신디 로퍼도 언젠가 비슷한 말을 한 적이 있다. "나는 여자이기 때문에 블루스를 한다." 김민정은 거기서 블루스가 아닌 자신의 음악과 여성의 음악을 봤다. 김민정 생각에 펑크는 여성에게 더 필요한 음악이다. 보통 펑크는 남성의 음악으로 인식되지만, 여성이야말로 싸우고 저항해야 할 대상이 많기 때문이다. 펑크의 형식만 따를 것이 아니라 낡은 인식에 저항하자는, 여성성과 남성성에 대한 관습을 뒤집어보자는 밴드의 기초 논의도 같은 맥락에서 나왔다. "그러면 왜 안 되는데?" 하는 막연했던 의문에 이름을 붙일 줄 몰랐을 뿐 돌이켜보니 그게 다 페미니즘이었다.

김민정은 이제 신디 로퍼의 대표곡 'Girls Just Want To Have Fun'(1983)을 대충 듣기 어렵다. 가사에는 늦게 귀가한 딸을 붙잡고 언제 사람 될 거냐 타박하는 부모가 등장하고, 딸은 적당히 말대꾸한 뒤에 허위와 가식을 내려놓고 즐겁게 살고 싶다 말한다. 35년 전에 여성이 추구하는 즐거움을 노래한 신디 로퍼는 변한 것이 없다. 여전히 요란한 옷을 입고 날이 선 가사를 쓰고, 예순이 넘은 지금까지도 몸을 사릴 줄 모르고 이십대 시절과 똑같은 열정으로 무대를 한다. 무한한 자유를 추구하는 신디 로퍼의 공연은 김민정에게 즉각 적용 가능한 교본이 되기도 한다. 노래하는 동안 어디서 힘을 주고 빼는지를 꼼꼼하게 관찰하고 나면 그 연구는 고스란히 자신의 공연이 된다. 힘든 일이다. 전보다 더한 엄청난 에너지를 가지고 무대를 준비하니 결국 몸이 부서지는 것이다. 전과 달리 요새는 아픈 게 일주일을 간다. 만족스럽게 공연하지 못한 날은 후회까지 더해져 더 아프다. 몸의 변화를 느낄 때마다 김민정은 걱정스럽다. 10년 뒤에도 지금처럼 몸으로 펑크를 할 수 있을까.

우리에게도 계보가 필요하다

김민정은 에고펑션에러에 합류하면서 최소 10년은 하겠다고 멤버들과 약속했다. 벌써 6년이 지났고 남은 기간까지 반드시 지킬 의무가 있지만 사실 그럴 수 있을까 잘 모르겠다. 세월의 흐름을 외면하고 계속해서 음악을 원하는 존재로 살까봐. 그러다 무대가 어울리지 않는 존재로 늙을까봐 두렵다. 막연한 공포는 페미니즘을 만난 뒤 확실한 문제의식이 되었다. 나이에 대한 불안을 모르고 무대에 오르는 언니들은 진짜 손에 꼽을 만하다. 여성은 이렇게 무대에서 통하는 수명을 걱정하는데, 20-30년씩 활동하는 남자 선배들은 엄청 많다. 왜 여성은 노래를 지속하기 어려울까. 그런 여성을 붙잡고 계속 노래하게 만들 만한 대책이라면 무엇이 있을까.

　　김민정은 물었다. "한국으로만 한정해도 어느 시대에나 그렇게 미친 듯이 노래하는 여자 있지 않았어요?" 잠깐 생각하다가 "무키무키만만수?" 하고 되물었더니 김민정은 "그죠 그죠 그죠" 한다. 김민정이 생각하기에 많지는 않아도 어느 시대에나 그렇게 "똘끼 충만한" 여성 음악가들이 있었다. 그래서 그런 여성 음악가의 계보를 정리하는 일이 필요하다고 느낀다. 저항을 노래한 한국 라이엇 걸의 리스트랄까. 먼저 자리를 만든 여성의 이름이 제대로 기억되고 기록된다면 어떤 여성이든 오래 노래할 만한 용기를 얻을 수 있을 것 같다. 그걸 김민정이 혼자 하고 있다. 공개적이고 공식적인 활동은 아니다. 그냥 룩앤리슨부터 뷰렛까지 언젠가 직접 제작할 여성 음악가 컴필레이션 앨범의 후보들을 휴대폰에 꼬박꼬박 저장하는 일이다.

　　김민정은 자신이 수혜자라 생각한다. 여전히 미래가 좀 걱정되긴 하지만 앞서서 자유롭게 노래했던 여성이 있었기 때문에 이렇게 미친 노래를 부를 수 있다. 그런데 앞서서 노래했던 자유로운 여성이란 숨은그림찾기 같다. 찾으려 노

력하니까 이제서야 슬슬 보이기 시작하는 존재들이다. 언젠
가는 자신 또한 희미하더라도 비슷한 모델을 찾는 다음 세
대의 여성에게 발견되는 존재가 되었으면 좋겠다. 그러려면
그리 두툼하지 않다 해도 우리에게도 계보가 필요하다.

받아칠 줄 몰라서 참았다

김민정은 무대를 통해 저항과 분노를 드러내는 일에
꽤 익숙하지만 한편으로는 참 사랑스럽게 말하고 노래하고
춤춘다. 그렇게 정신없이 몸을 흔들면서도 전혀 흔들리지
않는 목소리로 꾀꼬리처럼 노래하고, 그 와중에 목소리든
제스추어든 엄청 귀여워서 나는 언젠가 김민정에게 아이돌
연습생 출신인지를 물은 적이 있다. 그런 적은 없다. 하여간
그런 무대 위의 김민정을 볼 때면 아이돌 팬의 심정으로 나
도 어쩔 줄 모르고 실실 웃곤 한다. 그런데 언제나 칭찬만
돌아오는 것은 아니다. 작품을 바탕으로 활동하는 한 평가
의 대상이 되기 마련이라 가까운 사람마저 조언이랍시고 도
를 넘은 얘길 한다. "조금만 더 관능적으로 불렀으면 좋겠
는데. 섹스를 좀 더 많이 하면 보탬이 될 텐데." 김민정도 한
때는 필요한 지적이라 생각했다. 아직 부족한 게 많으니까.

관능적인 걸 제대로 표현하고 싶다는 마음도 솔직히 좀 있었으니까.

　돌이켜보니 그것 말고도 화가 나는 말이 너무 많다. 에고펑션에러의 남성 멤버 김꾹꾹을 제외하고, 모든 멤버들은 한 번 이상씩 아리송한 칭찬을 들어본 적이 있다. "여자치고 드럼 좀 치는데?" "대단해요. 제니스 조플린 이후로 이렇게 제대로 노래하는 여성 보컬은 본 적이 없었어요." 명백한 혐오 표현도 들어봤다. "밴드에 여자가 있으면 재수가 없다던데." 그런 얘기는 주로 술자리에서 나온다. 그런 술자리에 늦게까지 있을 때면 다른 의미가 있는 것처럼 받아들이는 인간들도 봤다. 공연 끝나고 늦은 밤 이어진 뒤풀이 자리에서 카드 휙 던지면서 노골적으로 놀자고 요구하는 인간까지 겪었다. 나는 술이 좋아서 술자리에 가는 거지 너한테 전혀 관심 없는데.

　이제는 그런 술자리를 엎을 수 있지만 꽤 긴 시간 동안 대응하는 방법을 몰랐다. 그냥 웃거나 참는 게 더 쉬웠다. 혹은 모자라서 그렇다며 제 탓을 했다. 음악 앞에선 더 자신 없어 더 위축됐다. 아이디어든 의견이든 낼 수 있고 싸울 수도 있는 사람이라는 걸 깨닫기 전까지 스스로를 다 꺾고 타인의 평가와 결정을 따랐다. 그게 당연하다 믿었던 멍청한 시절을 떠올릴 때면 김민정은 머리채를 붙잡고 쌍욕을 퍼부으면서 그 자리에 있던 자신을 질질 끌고 나오고 싶다. 과거는 꼬리에 꼬리를 물고, 그 시절을 돌이켜보자니 구남친 몇몇이 떠올라 김민정은 또 빡친다. 늦게까지 술 먹는 걸 단속하는 애랑, 번번이 화를 쏟아붓고 달래주기만을 기대했던 애랑 뭐하러 사귄 것일까. 왜 그때는 감정을 다 드러내지 못했을까. 이제야 김민정은 생각한다. "나를 나로 인정할 줄 모르는 개새끼들"을 만났다. 여기서 벗어나는 데 꽤 오래 걸렸다.

그간 겪었던 세련되지 못한 남자친구들은 미래를 걱정하게 만든다. 김민정은 출산지도를 기억하느냐 물었다. 문제의 출산지도란 2016년 말 행정자치부가 지자체 저출산 극복 프로젝트의 일환으로 전국 243개 자치단체 내 가임기 여성 인구수를 표기해 발표한 자료를 말한다. 즉 어느 지역에 가면 임신 가능한 여성 몇 명이 있다고 정리한 통계다. 과연 그런 통계를 만들고 공유하는 것이 출산율을 끌어올리는 데 제대로 기여할 수 있다고 본 것일까. 여성을 사람이 아니라 가축으로 보니까 그런 지도가 나왔다고 김민정은 생각했다. 그리고 어머니를 떠올렸다. 김민정은 산모를 괴롭히면서 힘들게 나온 자식이다. 어머니의 고통스러운 경험은 자신의 미래가 될 수 있다. 그래서 세상이 기대하는 여성으로 사는 게 더 겁이 난다. 누군가를 만나는 게 점점 더 어려워진다.

엄마부터 펑크였다

김민정은 페미니즘을 하니까 어머니의 인생이 다시 보이기 시작한다. 어릴 적부터 어머니는 김민정더러 하고 싶은 대로 다 해도 된다고, 말괄량이처럼 살아도 된다고 했다. 즉 어머니는 딸의 자유를 존중했던 최초의 어른이다. 반면 아버지는 김민정이 최초로 저항하고 반항했던 대상이다. 어머니와 아버지는 김민정을 사이에 두고 많이 다퉜다. 김민정은 고교 시절 집을 나간 적이 있다. 아버지는 노발대발했지만 어머니에게는 가출이 아니라 그렇게 구속하는 당신이 싫어 평소보다 친구 집에 오래 있다가 오는 날에 불과했다. 돌이켜보니 부부관계에서 어머니의 역할은 저항이었다. 사실 김민정이 태어나기 전부터 어머니는 펑크였던 것 같다.

광주에서 태어나 익산에서 자란 김민정은 외할아버지로부터 결혼 전 어머니의 젊은 시절을 들은 적이 있다. 김민정을 둘러싼 어른들은 여전히 그 시절을 돌아보기를 무척 힘들어하지만, 그때 들었던 어머니의 이야기는 대략 이렇다. 그녀는 매번 데모 현장에 나갔다. 그녀의 아버지는 그런 딸이 걱정스러워 서울에 있는 친척집으로 보냈는데, 그날 마침 일이 터졌다. 무등산 자락에 머리 긴 젊은 여자 시체가 있더라는 이야기를 듣고 허겁지겁 산에 올라가 서까래를 걷어

내고 딸을 찾아 돌아다녔다. 전화는 불통이었고, 기차를 태워 서울로 보낸 당신의 딸은 다시 데모하겠다고 중간에 내렸을 것이 분명했기 때문이다. 걱정과 달리 딸은 서울 친척집에 무사히 도착해 있어 화를 면했지만 그 무렵 바깥에 나온 김민정의 할머니가 눈앞에 놓인 끔찍한 광경에 정신을 잃고 길 한복판에 쓰러졌다. 재빨리 발견해 몸을 끌어 숨겨준 세탁소 아저씨가 없었다면 김민정은 가족에 대한 기억의 일부를 잃었을 것이다.

그러나 그런 저항의 여성도 결혼한 뒤 결국 남편을 건디는 아내가 되었고 자식을 지키는 어머니가 되었다. 아버지 얘기는 별로 하고 싶지 않다. 남들한테 말하자니 부끄럽고 어머니한테는 아무리 논리적으로 설명하고 수없이 이혼을 주장해도 통하지 않는다. 어머니가 보내왔던 시간이 논리적이지 않으니까. 김민정이 아버지를 욕하고 이혼을 입에 올릴 때마다 어머니는 슬퍼한다. 자식을 잘못 가르친 것 같고, 여태 보낸 당신의 인생이 통째로 부정당하는 느낌이라 한다. 누구나 태어나면서부터 페미니스트는 아니니까. 페미니스트 없는 가정에서 태어난 여성이 보고 배우고 따르는 것은 평화다. 그리고 가족이든 타인이든 못나게 군다면 저마다 이유가 있고 사정이 있을 테니 다 헤아려야 한다는 이해. 그런데 평화와 이해가 과연 쓸모 있었을까. 가정이라는 지옥을 버틸

만한 최면에 불과하지 않았을까.

　김민정은 어머니처럼 살지 않을 것이다. 아버지와 남편의 소유물이 되지 않을 것이고 아이 낳는 가축이 되지 않을 것이며 그릇된 가부장제로부터 자유로운 존재로 살 것이다. 그러나 동시에 이혼을 거부하는 어머니의 결정도, 몹시 어렵지만 이해하려 노력할 것이다. 모든 페미니즘이 극단적인 결정으로 마무리될 수는 없다. 페미니즘을 하니까 처음에는 어머니의 인생에 화가 났고 그걸 바꿀 수 있다고 생각했는데, 페미니즘을 더 하니까 수많은 여성 각각의 복잡한 입장이 보인다. 그러나 개운하지는 않다. "좋게 좋게"는, 그러니까 여자가 소란의 주역이 되면 안 된다는 수동적인 태도는 가정에서 어머니로부터 배웠다. 아무 짝에도 쓸모없는 화해를 이제는 거부하려 애를 쓰지만 은연중에 김민정한테도 나온다. 페미니즘을 알고 가족을 돌아본다는 것은 애증과 싸워야 하는 괴로운 일이다.

울기 싫어서 책을 열었다

　페미니즘으로 인한 김민정의 각성과 혼란은 트위터에서 왔다. 머리를 한 대 맞은 것 같았다. 2016년 강남역 여성혐오 살인사건이 있은 뒤였다. 애도의 물결을 타고 그동안 있는 줄도 몰랐던 분노가 싹트기 시작했다. 그동안 여자답다 생각해 조심스럽게 말해오고 행동해왔던 모든 것들이, 반대로 여자답지 않아 불안과 위험을 느끼고 피해왔던 모든 것들이 한꺼번에 설명되었다. 여성에 대한 사회적 기대가 결국 여성에 대한 통제이자 폭력이었음을 깨닫고 엄청 후련했지만 가끔은 넘치는 말들이 좀 힘들었다. 너무 과격한 얘기가 쏟아질 때면 피하고 싶어졌다. 트위터를 대체할 수 있을 만한 무언가는 많았다. 책이다. 책은 사실 진작부터 필요했다. 제20대 총선, 촛불과 탄핵, 제19대 대선에 이르기까지 같이 밴드에서 활동하는 가장 가까운 친구들과 나눌 것은 많았고, 어느 순간 가장 뜨거운 화두는 여성이 되었다. 논쟁에 참여한 멤버들과 의견이 달랐지만 제대로 반박을 못해 때로는 눈물까지 났는데, 울지 않으려면 이론적 무기가 필요했다. 역시 책에 답이 있었다.

　　싸움의 기술을 터득하는 데 가장 크게 보탬이 된 책은 이민경이 쓴 〈우리에겐 언어가 필요하다〉와 〈우리에게도 계보가 있다〉다. 책을 흡수하기 시작하자 김민정은 다시 태어난 것 같았다. 일단 말의 맛을 알아버렸다. 단어가 걸러졌다. 전까지는 음악하는 언니 오빠들과 말을 섞을 때마다 늘 기분이 오르락내리락 했다. 화는 나는데 말로 화를 풀지 못

했다. 차라리 폭언의 대결이라면 쉬웠을지 모른다. 그러나 혐오발언은 늘 은은하게 찾아오고, 때로는 칭찬으로 위장해 헷갈리게 만든다. 왜인지 모르겠는데 그냥 짜증이 나는 것이다. 책을 본 뒤에도 이런저런 부적절한 말들은 넘쳤고, 제대로 받아치지 못했다 싶은 날이면 집에 들어와 책을 다시 펼쳤다. 이제는 다 잡아낸다. 당장 받아칠 말을 알았고 그 다음까지 계산해서 말할 수 있게 되었다. 그런 책을 통해 배운 것은 단순한 반박과 지적이 아니다. 냉정하고 차분하게 대화에 임하는 자세, 즉 소통과 토론의 실천이다.

그렇게 책에 빠져 있던 무렵에 아는 오빠가 김민정한 테 상담을 요청했다. 여자친구랑 잘 지내고 있는데 페미니즘 얘기만 나오면 싸운다 했다. 아는 오빠는 그럴 수밖에 없었던 사람이다. 성품이 따뜻하고 인권 감수성도 훌륭한 사람인데 늘 메갈리아 이야기만 나오면 흥분을 이기지 못했다. 김민정은 그런 아는 오빠에게 페미니스트가 되어야 연애도 잘할 수 있다는 설명과 함께 책 몇 권을 권했다. 순서대로 읽으라 했다. 1번은 치마만다 응고지 아디치에의 〈우리는 모두 페미니스트가 되어야 합니다〉, 2번은 같은 작가의 〈엄마는 페미니스트〉, 3번은 토마 마티외의 〈악어 프로젝트 – 남자들만 모르는 성폭력과 새로운 페미니즘〉, 4번은 이민경의 〈우리에게도 계보가 있다〉였다. 그는 김민정의 지침을 잘 따랐고,

그의 여자친구 또한 그의 가방 안에 책이 있는 걸 보고 흡족해 하더라 전했다. 그리고 평생 같이 하고 싶은 사람과 더 오래 관계를 지속하는 방법을 이제는 알았다고 말했다. 김민정은 생각한다. 이성 관계 안에서 여성이 원하는 대상은 돈 많은 남자가 아니다. 말을 잘 들어주고 기다려주는 사람, 인격적으로 대우하는 사람, 싫다고 말하는 것을 받아들이는 사람을 필요로 한다. 사랑이란 욕망이기 이전에 존중이다.

책을 본다는 건 단지 말의 기술을 익히고 이성 관계의 연애 상담사가 되는 일에만 머무르지 않는다. 나의 페미니즘을 찾아가는 과정이기도 하다. 그간 인지해왔던 추상적인 페미니즘과 자신의 페미니즘을 구분하는 작업이다. 급진적인 페미니즘은 멋진 구석이 있다. 그러나 〈나쁜 페미니스트〉의 록산 게이처럼 김민정도 자신을 '나쁜 페미니스트'라 생각한다. 록산 게이가 책을 통해 스스로를 설명한 것처럼 부족한 게 더 많고 가끔 모순도 있는 페미니스트다. 그걸 인정하고 났더니 당장 옥신각신하면서 무작정 싸우고 이기는 게 답이 아니다. 그보다 중요한 것은 대화를 통해 너와 내가 경험하게 될 바람직한 변화다. 책을 열고 주변을 살핀 다음에 천천히 입장을 정리해도 늦지 않다. 오히려 그래야 더 신중해질 수 있다.

나는 펑크야

　　여성 억압의 배경을 이해하고 책을 열면서 페미니스트로 정체화한 뒤 김민정은 많이 변했다. 일단 자유나 즐거움 같은 기본적인 가치들에 대한 인식이 달라졌다. 예전에는 당장 즐거운 게 가장 중요하다고 생각했다. 오늘 죽을지 모르니 내일은 없고, 따라서 오늘 모든 걸 다 소진해야 한다고 믿었다. 하지만 이제는 내일도 있고 모레도 있다는 것을 안다. 당장 나다운 모습으로 죽는 게 뭔지는 알겠다 정도로 변했고, 동시에 다음에 올 사람을 생각하게 된다. 신디 로퍼를 보면서 생각이 많아지는 것처럼, 김민정이 이렇게 큰 소리로 노래하고 말하는 걸 보고 누군가는 위로와 용기를 얻을 수도 있다.

　　그래서 말이 변했다. 일단 쓰는 말이 달라졌다. 김민정은 페이스북 계정을 통해 오늘 술자리에서 만난 성추행범을 고발하고, 트럼프 당선 이후 전 세계 여성과 약자를 울린 메릴 스트립의 감동 연설을 걸어둔다. 김민정의 계정은 친구뿐 아니라 팬도 많이 본다. 여성을 둘러싼 다양한 문제의식을 발견해 힘이 넘친다 한들 혼자서는 아무것도 할 수 없다. 응해주는 사람이 꼭 필요한 이슈라서 올려두는 것이다. 김민정의 계정을 관찰하고 근황을 살피는 팬들 또한 김민정이 들려주는 이야기에 귀를 잘 기울여주는 편이다. 보다 효과적으로 말하고자 김민정도 노력하고 있다. 음악에 있어서는 자신 있게 의견을 개진하지만, 젠더에 있어서는 설득을 더 중요한 가치라 여긴다.

당연히 음악도 변했다. 1집 시절 김민정은 가사를 쓰지 않았다. 그때는 김민정의 몫이 별로 없기도 했고, 몇 개 아이디어를 가져가면 일부만 통과됐을 뿐이다. 2집 수록곡 '단속사회'에서 김민정은 그간 들어왔던 지겨운 말을 노래로 풀었다. "일찍 다녀라 옷이 짧구나/ 밤길 조심해 살은 좀 빼야지/ 눈 뜨자마자 듣는 소리/ 밥 먹자마자 듣는 소리." 단어를 계속 뒤집고 문장을 다듬는 데 1년이나 걸렸던 노래다. 또 다른 노래 '기분'은 관계의 모순을 이야기한다. 역시나 오래 고민해서 썼고 약간의 아쉬움은 있지만 "바보 같아야만 사랑할 건가요" 한 마디로 주제 전달은 다 했다고 생각한다.

책을 목적으로 한 우리의 첫 인터뷰는 2017년 여름에 있었고, 그 사이 김민정이 밴드의 2집을 준비하면서 음악적으로나 정신적으로나 많은 변화를 겪게 된 관계로 2018년 2월 다시 만났다. 김민정은 2017년 내가 보낸 질문지의 답안지를 한 바닥 써와서 나를 놀라게 만들었는데, 2018년에는 다른 종이를 들고 나타났다. 새 앨범에 실릴 가사였다. 스스로 만족하지 못했던 첫 인터뷰가 끝난 뒤 그런 고민을 노래로 가져갔다 했다. 그간 탐독했던 여러 페미니즘 책도 새로운 가사를 쓰는 일에 보탬이 됐다. 이제 원하는 이야기를 알았다. 입에 맞으며 메시지까지 있는 부끄럽지 않은 노래가 나왔다. 언젠가는 말을 넘어 멜로디까지도 스스로 만들 수 있을까를 물었다. 아직은 자신 없다 했다. 지금은 가사 쓰기와 밴드 운영 책임자의 역할에 집중하고 싶고, 그건 잘해낼 수 있다고 자부하고 있는 상태다. 그러나 작곡이란 문제해결 능력 이상을 요구하는 아득한 창조의 영역이다. 그래도 협업으로 시작하고 싶은 마음 정도는 있고, 차근차근 접근해서 언젠가는 이뤄야 할 분야라고 생각한다.

변하지 않은 것이 있다. 더 강화된 것이 있다. 펑크다. 그리고 저항이다. 김민정은 말로 싸우고 노래로 싸울 준비를 마쳤다. 언제든 무대에서 힘과 감정을 실어 몸으로 노래할 준비가 되어 있다. 김민정은 펑크니까.

김민정의
페미니즘 교과서

신디 로퍼-세상을 노래하는 팝의 여왕

잰시 던 | 김재성 옮김 | 뮤진트리

"페미니즘을 알고 신디 로퍼를 안 뒤에 읽었다. 평생 페미니스트 음악가로 살아왔던 신디 로퍼의 인생이 기록된 책이다. 내가 사랑하고 존경하는 롤 모델의 이야기다. 내 삶의 이정표 하나가 찍힌 책이라고 말할 수 있다."

저스트 키즈

패티 스미스 | 박소울 옮김 | 아트북스

"여성 펑크의 대표주자 패티 스미스와 사진으로 예술가의 삶을 이룬 로버트 메이플소프의 젊은 날을 기록한 책이다. 책 초반에 패티 스미스가 교육대학 재학 시절 원치 않는 임신을 하게 된 뒤에 퇴학당하는 과거가 나온다. 그때는 그런 시절이었다 한다. 로버트 메이플소프는 성 정체성을 평생 고민한 예술가다. 자유로운 영혼으로 통하는 두 인물마저도 젠더 문제 앞에서는 자유로울 수 없었다는 것이 마음을 아프게 한다."

꽃의 유혹

샤먼 앱트 러셀 | 석기용 옮김 | 이제이북스

"사실 페미니즘에 관한 책이 아니라 꽃에 대한 책이다. 식물학자가 썼다. 꽃의 생존기를 다룬다. 꽃으로부터 우리는 아름답고 순수한 이미지를 많이 떠올리지만 꽃은 그렇게 수동적인 생물이 아니다. 암수를 스스로 바꾸기도 하고 수정 없이 자생하기도 하는 등 생존하기 위해 자연이라는 조건을 적극적으로 활용한다. 그런데 책이 말하는 꽃은 언제든 여성이라는 주어로 대체 가능하다. 글도 굉장히 아름답다. 도서관에서 우연히 만난 책이라 더 귀하게 느껴진다. 보물찾기에 성공한 것 같았다."

우리는 모두
페미니스트가 되어야 합니다

치마만다 응고지 아디치에 | 김명남 옮김 | 창비

"선생님을 만난 기분이다. 친절하고 따뜻한 태도로 사람의 마음을 움직일 수 있게 하는 책이라고 생각한다. 그리고 페미니즘 이야기를 시작했을 때 마음을 열게 만드는 효과적인 입문서다. 주장도 간결하고 분량도 많지 않아 페미니즘이 무엇인가를 질문하는 사람에게 추천하기 딱 좋다."

나쁜 페미니스트

록산 게이 | 노지양 옮김 | 사이행성

"페미니즘이란 고정된 이론이 아니라 삶의 지향이라는 것을 일깨워준 책이다. 그리고 책에는 록산 게이가 열두 살에 겪었던 고통스러운 과거가 있다. 그걸 읽기 정말 힘들었지만 자신의 고통을 말하는 동시에 앞으로 나아가는 이야기를 할 수 있다는 가능성을 읽었다. 지금도 가끔 꺼내 읽는다. 그냥 아무 페이지나 딱 펼쳐도 마음을 치는 옳은 말이 가득이다."

"여자 드러머가 뭐?"

백수정 연주자, 활동가, 그리고 사업가

1985년생. 다이얼라잇의 드러머다. 2007년 적적해서 그런지로 데뷔했고, 스팀보이즈, 악어들, 포프 엑스 포프 등을 거쳤다. 적적해서 그런지 시절 두리반 활동을 계기로 사회당에 입당했고, 이후 청년정치운동단체 청년좌파에서 홍보 담당으로 일했다. 음악 이외에 디자이너 경력을 쌓아왔고, 현재 천연오일 제품 브랜드 크라프트 코데즈를 운영하고 있다.

facebook.com/diealright
twitter.com/gauze_62045

한 남성 동료가 백수정의 연주를 두고 배가 아프다고 했다. 너무 세게 쳐서 내장이 울릴 지경이라 했다. 늘 세게 치는 것은 아니지만 그런 말까지는 괜찮다. 하지만 세게 친다는 말 앞에 "여자치고"가 붙으면 말의 맥락이 달라지고 백수정의 반응도 달라진다. 언젠가 백수정은 썼다. "여자치고 세다, 내가 본 여자 중에 제일 세게 친다…. 제발 닥쳐줘. 스틱으로 호박 깨버리기 전에."[1] 백수정이 남성으로부터 자주 듣는 애매한 칭찬은 또 있다. "밴드해요? 키보드 같은 거 치지 않아요?" "드럼 안 치게 생겼는데." 자기만 그럴까. 처음 만난 사람들 앞에서 밴드한다 소개할 때면 제딴에는 칭찬이라고 돌려주는 이런 반응이 여성 드러머에게는 꽤 익숙할 것이라고 백수정은 생각한다. 밴드하는 여성에 대한 환상

....

1 백수정 트위터 | 2017년 11월 26일

과 추측은 그렇게 정해져 있고, 그게 깨지면 늘 사람들은 예측 가능한 낡은 말을 보탠다.

실은 매번 긴장하는 드러머

"여자치고 세게 친다"는 말은 매번 표현이 조금씩 달라진다. 스물세 살에 적적해서 그런지로 데뷔했을 때는 누군가 "여자 데이브 그롤"이라 했다. 그런 말이 여성 드러머에 따르는 성차별인지 아닌지는 좀 헷갈리는데, 하여간 그때는 웃었다. "나 그렇게 심벌 높게 두지 않는데?" 하고 받아치기도 했다. 드럼 세트는 베이스부터 심벌까지 크게 다섯 가지 요소로 구성되어 있고, 연주자마다 이를 배치하는 방식이 다르다. 데이브 그롤은 너바나 시절이나 지금이나 심벌을 높게 두고 친다. 그렇게 하면 심벌에 다가갈 때마다 손을 높이 더 올려야 하니 팔의 각도가 커지기 마련이라 격정적인 퍼포먼스로 보인다. 반면 심벌을 눈높이보다 낮게 배치하는 경우도 있다. 그러면 드러머 입장에서 시야가 탁 트여 심벌 위로 청중의 얼굴이 훤히 보인다. 백수정은 중간이 편하다. 관객이 보일 듯 말 듯한 위치에 심벌을 두고, 그렇게 해서 관객을 신경 쓰지 않을 수 있는 조건을 만든다. 이는 백수정이 공연에 몰입하는 방식이기도 하다.

다들 세게 친다 말하지만 내가 관찰했던 연주하는 백수정은 무심한 사람처럼 보였다. 처음부터 끝까지 아무 일도 일어나지 않은 것만 같았다. 표정 변화도 거의 없었고 시선은 알 수 없는 곳에 머물러 있었으며 타격은 절정의 순간까지도 고통을 염려하기 어려울 만큼 일정했다. 듣자하니 백수정은 공연에 있어 돋보이는 일에 전혀 관심 없다 했다. 무대에 서는 위치 때문에, 혹은 음악에 대한 기여도와 실제 주목도 때문에 어떤 드러머는 자신을 소외된 존재라 느낄 수도 있지만, 백수정은 관객을 의식하는 순간 연주가 무너지는 것 같다고 느낀다. 사람들이 자신을 바라보고 있다는 의식이 전혀 없을 때 연주가 잘 풀리고, 그래서 일부러 앞을 잘 안 본다. 관객과 눈을 맞추고 교감하는 것은 자신이 아닌 다른 멤버의 역할이다. 백수정은 멜로디를 쓰고 전달하는 사람이 아니다. 동료가 만든 멜로디를 바탕으로 비트를 어울리게 짜는 사람이다. 자신이 할 수 있는 음악은 그런 것이라 생각하고, 그래서 그간 다양한 밴드를 경험하면서 매번 다른 주법을 고민해왔다.

물러서는 것을 당연하게 여기는 태도는 스무 살 대학 동아리 시절부터 필요하다 느꼈다. 요란하게 스틱 돌리다가 연주를 놓치는 선배들을 종종 봤다. 그냥 실수해도 당황하기 마련인데 멋 부리다가 실수하면 얼마나 쪽팔릴까 싶었다. 한편 "세팅하면서 깝치는 것"도 싫다. 드럼은 안 그래도 시끄러운 악긴데 사운드 체크하겠다고 공연 시작하기도 전에 요란하게 두드려대는 것으로 시선을 모으는 건 좀 부끄러운 짓 아닌가 한다. 한편 공연을 앞두고 화장을 하긴 한다. 사실 잘한다. 심지어 앨범 재킷이나 프로필 사진처럼 중요한 촬영을 앞둔 다른 동료한테 해줄 만큼 잘한다. 백수정은 드러머 말고도 디자이너로 쌓은 경력이 꽤 되는데, 메이크업은 결국 얼굴에 그림을 그리는 일이니 남들보다 좀 더 잘하는 것 맞다. 하지만 드러머에게 화장이란 덧없는 일처럼 느껴지기도 한다. 공연이 시작되면 누구보다 빨리 땀범벅이 되는 포지션이니까.

그런 백수정에게 공연이란 극도의 긴장이 유지되는 시간이다. 공연 시작 몇 분 전 드럼 세트 앞에 앉을 때면 동아리에서 처음에 배웠던 기초를 생각한다. 하이햇은 스네어보다 약하게 친다. 심벌은 각을 맞춰서 한 번에 잘 후려쳐야 한다. 그리고 자세도 항상 바르게 갖춘다. 허리를 꼿꼿하게 세우는 것이다. 스틱도 규칙에 맞게 제대로 쥐어야 한다. 어떤 동료들은 노는 기분으로 공연에 임한다는데, 백수정이 마음 편하게 연주하는 건 합주할 때뿐이다. 백수정은 왜 그렇게 공연을 엄격하고 심각하게 받아들일까. 공짜 공연이란 없다고 생각하기 때문이다. 티켓 없이 열린 공연이라 해도 현장에 찾아온 관객은 시간을 쓴다. 무료 공연이 아니라면 관객은 시간과 돈을 다 지불한 고마운 사람들이다. 어쩌면 한 번 공연을 찾아왔던 사람이 다시 공연을 보러 올 수도 있다. 그렇게 생각하는 한 백수정은 프로고, 따라서 어설프게 하면 안 된다. 공연을 무섭게 생각해야 한다. 그러니 표정이 굳는다. 연주하다 여유롭게 미소지을 때가 드물게 있긴 하다. 다이얼라잇을 함께 이끌어가는 베이시스트 김승일과 눈이 마주칠 때다. 베이스와 합이 맞을 때 공연이 잘 풀리고 있다고 느낀다. 잠깐 눈을 맞춘 뒤에 백수정은 다시 돌아온다. 표정 없이 연주에 몰두하는 무심한 드러머가 된다. 실은 떨고 있는 드러머다. 무대에 서면서 단 한 번도 떨지 않은 적이 없었다.

지금 하는 다이얼라잇도 그렇고, 적적해서 그런지 시절에도 그랬다. 스팀보이즈, 악어들, 포프 엑스 포프 등 중간중간 거쳐왔던 밴드들도 마찬가지다. 속한 거의 대부분의 밴드가 팽창하는 사운드에 익숙하고, 그런 판에서 공연하고 나면 다음 날 매번 몸이 아프다. 좀 더 집중했다 싶은 날은 더 아프다. 근육통처럼 온몸이 욱신거린다. 정작 공연할 때는 힘든 걸 잘 모르는데, 힘을 많이 써서가 아니라 긴장해서 그런 것 같다.

무대에서 내려온 뒤 통증을 느낄 때면 백수정은 훌륭한 드러머의 기준을 생각한다. 드럼은 다른 악기에 비해 좀 더 많은 힘이 요구된다. 그러나 무작정 세게 치는 것은 좋은 연주가 아니다. 컨트롤이 잘 되는 드러머가 훌륭한 드러머다. 처음부터 끝까지 볼륨이 흐트러지지 않는 드러머를 말한다. 드럼은 칠수록 힘이 많이 들어간다. 그래서 보통 공연을 하면 뒤로 갈수록 세진다. 컨트롤이 빠져서 그렇다. 세게 칠수록 크게 들리고, 그러면 타점이 안 맞고 터치가 흔들리는 것까지 다 느껴진다. 뒤로 갈수록 신나는 노래를 많이 배치하는 것으로 공연을 구성하기도 하지만, 스무 살부터 드럼 세트 앞에 앉았던 백수정은 폭발하는 후반의 드러밍이 공연의 흐름을 따라가는 것인지 지쳐서 힘 조절이 무너진 것인지를 안다. 드럼은 결국 지구력이다.

여자 드러머는 좀

중학교 시절부터 홍대와 신촌에 있는 클럽에 드나들기 시작했다. 그땐 학교 친구들과 어울리면서 시아나 링고, 디르 앙 그레이, 말리스 미제르 같은 일본 밴드를 커버하는 국내 카피 밴드들의 공연을 많이 보러 다녔다. 그보다 일찍 초등학교 고학년 시절엔 라디오를 켰고 흘러나오는 팝송을 녹음해 여러 번 듣곤 했는데 그 가운데에는 유투가 있었다. 성장하면서 듣는 것은 조금씩 달라졌지만 느끼는 것은 비슷했다. 둥둥거리는 낮은 소리들, 그러니까 베이스와 드럼에 먼저 이끌렸다. 즉각적으로 멜로디를 흡수하기도 했지만 더 많은 경우 노래로부터 비트만 따로 들렸다. 공연장에선 가장 뒤편에 있는 사람이 가장 먼저 눈에 들어왔다. 예나 지금이나 백수정은 기교 중심의 기타 속주를 썩 좋아하지 않는다.

대학에 입학했고, 밴드 동아리에 들어갔다. 자연스럽게 드럼을 택했고, 연애와 학과 활동을 이유로 차차 또래 친구들이 떠나자 어느 순간 같은 기수 안에서 드러머는 백수정 혼자만 남았다. 보컬은 다섯 명이었다. 혼자서 다섯 명의 노래를 따라다녀야 했다. 그러다보니 더 많이 연습하게 됐다. 나중엔 더 열심히 했다. 연습하다가 잠깐 화장실에 갔는데 천장이 뻥 뚫린 화장실이라 거기서 남자 선배들이 하는 말이 다 들렸다. "여자가 메인 드러머였던 적 한 번도 없었잖아." "여자애들은 자기 일 생기면 나가던데 쟤 괜찮을까?" 정작 자기 일 생겼다고 떠난 건 남자 동기 드러머들이었는데 여자라서 책임감 없는 연주자 취급을 당했다. 분해서 눈물이 다 났다. 성격대로 하자면 바로 들이받았을 테지만 막 들어간 동아리는 위계 조직이니 선배와 싸울 수는 없었다. 그래서 더 이 악물고 했다. 그해 첫 공연을 무사히 마쳤고, 마무리 공연에 이르기까지 빠짐없이 무대에 섰다. 그때 어울렸던 동아리 출신 선후배 가운데 지금까지 밴드하는 경우는 백수정이 유일하다.

백수정의 손에는 흉터가 많다. 깨진 심벌이 손을 찢고 지나간 흔적이다. 재즈 드러머의 연주 일과를 다룬 영화 〈위플래쉬〉(2014)를 폭력적인 작품이라 생각해 정말 싫어하지만, 영화 속에서 피 터지게 연주하는 대학생 앤드류의 혹독한 경험만큼은 어느 정도 공감할 수 있다. 한때는 허물이 다 벗겨졌고 피도 났으며 물집도 잡혔는데 다 지나고 나니까 굳은살이 되었다. 손이 단단하다면 팔은 튼튼하다. 근육이 제법 있다. 이두는 별로 없는데 삼두는 꽤 잡힌다. 팔을 들어올리면 떨리거나 늘어지는 살이 없다. 시간이 흘러 선배가 되었을 때, 특히나 여자 후배가 찾아왔을 때 몸으로든 말로든 보여줄 게 많아졌다. 놀러왔다고 생각하지 않았으면 했다. 기를 쓰고 매달렸던 것처럼 기를 쓰고 가르쳤다.

스무 살에 시작한 드럼은 많이 힘들었지만 사실 재미있었다. 고생하고 속상했던 순간을 잊기 어려워도 얻은 것이 더 많다. 학내 밴드라 창작곡은 없었고 카피 위주로 활동했는데, 그때 RATM의 전곡을 다 땄다. 데프톤즈도 꽤 했다. 둘 다 보컬은 물론 연주하는 친구들한테도 난이도가 좀 있는 교본이라 돌이켜보니 그때 많은 걸 쌓아놨다. 보컬은 많았고 기타도 많았지만 드럼은 백수정뿐이었고, 매번 다른 친구들과 함께 수없이 반복하면서 악곡 전체를 볼 줄 아는 감각도 생겼다. RATM의 노래는 랩이 많고 가사가 길다. 수없이 반복하면서 드럼을 넘어 노래의 모든 흐름을 싹 익히게 됐는데, 노래하는 친구가 가사를 못 외울 때면 뒤에서 스틱 날아올 것이니 정신 바짝 차리라 농담하곤 했다.

그렇게 기초를 다지고 학교를 벗어나자 의미 있는 제안이 왔다. 동아리 선배가 어디선가 여성 드러머를 찾고 있다며 할 생각 있느냐 물었다. 적적해서 그런지였다. 길게 휴학하고 출퇴근하던 디자인 스튜디오에서 늘 열한시까지 야근이 이어져 스트레스를 풀 방법이 있어야 한다고 마침 느낄 때라 반가운 제안으로 받아들였다. 밴드가 레퍼런스로 제시한 소닉 유스부터 열심히 듣고 연구한 뒤에 테스트를 거쳐 합류했다.

2007년 스물세 살 봄, 백수정은 적적해서 그런지 멤버들과 함께 살롱 바다비에서 이루어진 커트 코베인 추모 공연 무대에 올랐다. 딱 한 곡을 하고 무대에서 내려왔는데, 단한 곡을 준비하기까지 멤버들과 선곡에서부터 편곡에 이르기까지 꽤 즐겁고 치열했던 긴 회의가 있었다. 막상 무대에 오르자 얼어붙었다. 떨려서 더 세게 쳤던 것 같고, 그래서 여자 데이브 그롤 얘기가 나왔던 것 같다. 동아리 밴드를 벗어난 백수정의 첫 공식 무대였다.

강력한 밴드가 원했던 드러머

백수정의 데뷔 밴드 적적해서 그런지와 오늘의 밴드 다이얼라잇의 음악은 많이 다르다. 적적해서 그런지는 굳이 장르로 설명하자면 사이키델릭에 가까웠지만, 록을 둘러싼 기존 장르를 비틀고 구기는 실험적인 작업을 즐겼다. 다이얼라잇의 음악은 그에 반해 꽤나 직선적이고 명확한 록이다. 취한 방식은 다르지만 둘 다 폭발을 좋아한다. 향하는 길이 다르다 한들 어쨌든 세고 큰 소리를 낸다는 것이다. 항상 백수정이 그런 음악만 따라다녔는가 하면 그건 아니다. 요새도 가끔 피아졸라를 들을 때면 "내가 이렇게 첼로를 좋아하는데" 한다. 물론 연주자의 입장이 되면 부드러운 진행보다 시원하게 달리는 쪽이 훨씬 편하고 익숙한 것은 맞다. 여태까지 들어왔던 연주 제안이 다 그랬다. 센 밴드가 백수정의 드럼을 원했다. 속했던 밴드의 음악은 늘 달랐고 백수정도 늘 다른 방식으로 접근해야 했지만 이미 몸이 큰 볼륨에 단련되어 있으니 융화가 어렵지는 않았다.

미드나잇 스모킹 드라이브에서 활동하던 채송화가 새 밴드를 준비한다며 백수정을 찾았다. 미드나잇 스모킹 드라이브는 백수정이 이미 좋아하는 밴드라 망설임 없이 합류했고 그렇게 해서 다이얼라잇이 결성됐다. 지금도 백수정은 송화언니가 써 오는 노래가 좋다. 가끔 멤버들과 페미니즘을 화두로 서로 의견을 나누고 같은 곳을 바라보고 있음을 확인하곤 했지만, 다이얼라잇은 신곡과 공연과 장비 같은 음악적인 토론으로 더 바쁜 관계다. 2016년에 특히 그랬다. 〈K-루키즈〉부터 〈헬로루키〉까지 신예 밴드 지원사업에 모두 지원서를 넣었고 본선에 여러 번 올랐지만 수상은 딱 한 번으로 끝났다. 그렇게 해서 앨범을 냈고 이어서 영국과 스페인에서 공연할 기회를 얻긴 했어도 요새도 가끔 그때랑 비슷한 고민을 한다. 언니가 만드는 음악이 예나 지금이나 좋은데 반응이 엄청나게 뜨겁지는 않다. 그러나 원인을 애써 만들고 속상해 하는 것보다 다음 작업이 더 중요하다 느낀다. 신곡에 좀 더 집중하고자 공연 활동을 중단했던 기간에 백수정을 만났던 까닭에 합주 얘기를 들을 수 있었다. 다이얼라잇의 합주는 매주 금요일 밤 아홉시에 시작해 막차 끊기기 전에는 끝나는 약속이다.

　　적적해서 그런지 시절에도 음악에 꽤 몰입하긴 했다. 하지만 그것 말고도 뭘 많이 했다. 일을 벌이는 걸 좋아하던 밴드였다. 대학 동아리 밴드와 비교해 확실히 문화가 많이 달랐다. 한때는 남자 선배가 하는 말을 듣고 몰래 울었지만 여기선 그런 고약한 말이 오가지 않았다. 전원 여성으로 구성된 밴드 안에선 "여자애들은 힘이 없어" "킥 좀 세게 밟을 수 없어?" "뭐해? 드럼 애무해?" 따위의 말을 듣고 빡칠 일이 없었다는 것이다. 멤버 가운데에는 언제 어디서나 아무렇지 않게 생리대를 꺼내는 언니가 있었다. 초경 이후 그걸 어떻게든 숨기려 신경 썼던 게 무색해질 만큼 언니의 태도는 자연스러웠다. 굳이 스스로를 페미니스트라 부르진 않았지만 새로 만난 친구들은 여성으로 느끼는 불만과 분노를 터뜨릴 줄 알았고 불만과 분노의 원인을 제공한 인간들을 과격하고 통쾌한 방식으로 조롱할 줄 알았다. 그런 분위기를 타고 백수정도 많이 변했다.

그 시절 이상한 공연을 많이 했다. 백수정의 표현을 그대로 빌리자면 "신나서 미친 짓을 많이 했다." 벌벌 떨었던 첫 공연부터 란제리 차림으로 무대에 섰고, 형광주황색 축구복도 입어봤다. 〈소림축구〉의 주성치 축구단을 흉내낸 것이다. 시장에서 큼직한 흰색 면 팬티를 사다가 멤버 네 명의 얼굴을 찍어 팔았던 적도 있다. 마이크에 팬티를 걸고 노래하고, 살인마로부터 쫓기던 여성이 마침내 칼을 들고 살인마를 죽이는 영상을 틀어놓고 공연을 이어갔다. 이 모든 활동은 적적해서 그런지라는 여성 밴드가 추구한 놀이이자 실험으로 정리된다. 여성 밴드한테 세상이 기대하고 요구하는 것을 배반하고 뒤엎는 방식이기도 했다. 많이 즐거웠고 충분히 짜릿했다. 요란한 공연과 창의적인 퍼포먼스로 여성 음악가에 대한 예상치를 깨부술 때 오는 엄청난 쾌감이 있었다.

지금보다 그때 더 뜨거웠다

여성에 따르는 규범을 해체하고 반란의 무대 활동을 이어갔던 적적해서 그런지 시절 백수정은 활동가가 되었다. 그러나 크게 다뤄질 이야기는 아니라는 것을 백수정은 여러 차례 강조했다. 한때 적극적으로 매달렸던 일은 맞지만 여기에 말을 보태기엔 오늘도 땀 흘리며 뛰는 활동가들이 너무나 많다. 그런 사람들을 생각하면 몹시 부끄럽다. 한때 왕성하게 활동했던 조직은 청년단체이기 때문에 어느새 삼십대 중반이 된 자신은 일선에서 물러나는 것이 맞다고 생각했고, 자리를 대신한 보다 젊은 친구들에게 보탬이 되려면 이제는 다른 일을 해야 할 것 같다고 말했다. 일단 금전적인 지원이다. 자금이 필요한 단체와 활동에 수시로 입금하는 것이다. 그리고 중요한 이슈를 기억하고 트위터 같은 매체를 활용해 자신의 위치에서 홍보를 돕는다. 이 말의 맥락을 이해하려면 백수정의 이십대 시절로, 그리고 두리반으로 가야 한다.

한때 동교동 삼거리에 자리잡았던 칼국수 식당 두리반은 '작은 용산'이라 불린다. 두리반을 둘러싼 지역에 2006년 공항철도 공사 계획안이 나온 뒤 2009년 GS건설 산하 유령회사 남천디엔씨가 나타나 동교동 삼거리 일대 점포와 부지를 헐값에 매입하면서 시작된 일이다. 두리반은 협상을 거부하고 마지막까지 자리를 지킨 최후의 전선이다. 용역이 동원되자 두리반 대표 안종려 유채림 부부는 537일에 이르는 점거 농성에 들어갔는데, 길었던 투쟁에 두리반 대표의 문화계 동료들, 특히 문인과 음악가들이 연대했다. 큰 축제도 열렸다. 이듬해 5월 1일 노동자의 날에 열렸던 '세계 노동절 120주년 맞이 뉴타운컬처 제공 재개발 파티 〈51+〉'는 음악가 51팀 섭외라는 초기 섭외 기획을 넘어선 끝에 총 62팀이 참여했고, 정오부터 시작해 새벽 세시까지 공연을 이어갔다. 2011년 두리반은 건설사로부터 2억 5천만원 상당의 배상금 지불과 인근지역 영업 재개를 내용으로 한 합의서를 받아냈다.

젠트리피케이션의 대표 사례로, 나아가 사회운동과 문화운동의 이상적인 결합으로 손꼽히는 두리반 시위 한복판에는 음악가 단편선이 있었고 백수정의 밴드 적적해서 그런지 또한 있었다. 백수정은 처음엔 밴드로 섭외를 받은 뒤 공연하러 갔다가 두리반의 실상을 알게 됐고 곧 동지라 부를 만한 사람들을 얻었다. 먼저 동지를 따라 사회당에 입당했다. 이어서 사회당 당원은 물론 당적을 두지 않은 또래 친구들이 결성한 청년정치운동단체 청년좌파의 일원이 된다. 비상근직 실무자로 일하면서 홍보를 담당했는데, 말 그대로 좌파라는 것이 전방위적 활동이니까 바빴고 디자이너로 쌓아왔던 백수정의 경력을 단체가 수시로 필요로 했기 때문에 더 바빴다. 두리반 투쟁은 비슷한 투기 논리의 희생자 명동 카페 마리로도 이어졌다. 쌍용차 노동자와 현대차 성폭력 피해자와 연대하기도 했다. 행사가 있을 때마다 포스터 및 전단이 필요했고 그럴 때마다 백수정은 밤을 새웠다. 40페이지짜리 세월호 책자를 하루 만에 만들어야 했던 때도 있었다. 백수정은 인간이기 때문에 여기 참여했다고 말했다.

인간이기 때문에 참여했는데 거기서 인류애가 무너지기도 했다. 11월 초순에는 민주노총이 주최하는 전국노동자대회가 열린다. 전태일 열사 사망주기에 맞춰 준비되는 행사로, 보통 노대라 불린다. 청년좌파 활동가 시절 알바노조 캠페인을 통해 노대에 동참했던 백수정은 시위에 참여한 다른 노동자로부터 성추행을 당한 일이 있다. "이 뱃지 아가씨가 직접 달아주면 안 되나?" "여기 있는 번호로 전화하면 아가씨가 받나?" "그거 말고 아가씨 번호 달라니까." 화가 나서 들이받았더니 노동자 연대의 탑이 와르르 무너지는 답이 돌아왔다. "알바가 무슨 노동자야?" "돈 받고 일하면 노동자 맞는데요?" 싸움을 중단하고 친구한테 갔다. "저런 새끼들도 운동을 해?" 친구의 답은 슬프고 무기력했다. "저런 새끼들도 운동을 하는 거야. 저런 새끼들도 살아야 하니까 여기까지 나오게 만든 정권인 거야." 백수정도 수긍했다. 그러나 수긍과 용서는 다르다.

　　사회운동에 참여하면서 백수정은 낮은 곳에 있는 사람을 생각할 일이 많아졌다. 그리고 여성으로 태어나 매번 남자와 싸우는 자신 또한 낮은 자리에 있는 사람이라는 것을 자각했다. 그런 뒤에 여성으로 목소리를 높이는 것이 먼저일까, 아니면 두리반을 통해 만난 철거민과 청년좌파를 통해 만난 노동자와 장애인의 처우 개선이 먼저일까를 고민해야 했다. 그리고 백수정은 무시할 수 있는 의제는 아무것도 없다는 결론을 내렸다. 차별이란 나쁜 마음에서 시작되지 않는다. 차별이란 약자와 소수자들 사이에서 우선순위가 정해지는 것을 보면서, 그러다 자신이 젖혀지고 밀리는 경험이 쌓여 결국 형성되는 불안한 감정이라 백수정은 생각한다. 약자들 사이에서 먼저 챙겨야 할 인권이란 없다. 아무리 억울하고 화가 나도 같은 높이에서 주변을 살피는 균형 잡힌 시야가 필요하다는 것이다.

단련된 싸움의 역사

활동가 이전에도 싸울 일은 늘 있었다. 본가 백씨 집 성촌에서 동네를 나선형으로 돌면서 벌초하던 시절로 돌아간 백수정은 가풍을 설명하면서 "유슬림"이라는 표현을 썼다. 뼛속까지 유교 집안이었다는 것인데, 화목한 가정은 아니었으나 인간의 도리에 관한 교육은 늘 반복되었다. 돌이켜보니 부모의 태도는 꽤나 이중적이다. 꼬마 백수정에게 하얀색 타이즈를 입히고 여자니까 이렇게 입고 이렇게 다리를 오므려야 한다고 말하면서도 동시에 여자 몸은 여자 스스로 지켜야 한다는 명분으로 검도를 시켰다. 백수정도 잘 지켜왔다. 지금 키가 초등학교 5학년 때 키다. 남자애들보다 머리 하나는 컸다. 껑다리 초등학생 백수정은 치마 들추고 브래지어 당기는 또래 남자아이들을 지구 끝까지 쫓아가서 팼다. 더 커서도 그랬다. 여중과 여고를 나온 친구들이라면 학교 근처에서 아담 혹은 바바리맨이라 부르는 성도착자를 한 번쯤 마주치기 마련인데, 겁먹고 우는 친구들도 있지만 그런 변태를 잡으러 뛰는 용감한 무리도 있다. 백수정도 그 가운데 하나였다.

성폭력에 대한 백수정의 대응은 지금까지도 일정하다. 예나 지금이나 집과 시내를 오가면서 1호선을 많이 타게 되는데, 유독 1호선에는 목소리 크고 무례한 노인이 많다. 그런 할배들과 최근에도 한 판 붙었다. 지하철 성추행범을 붙잡고 경찰에 인계했던 적도 있는데, 성인 남성을 그리 오래 붙들고 있는 동안 드럼을 오래 쳐서 그런가 자신의 주먹이 꽤 쓸 만하다는 것을 알았다. 성추행범을 또 발견하고 도시철도에 문자를 보냈더니 다음 역에서 지하철 보안관이 나타났던 적도 있다. 셔터 소리 안 나게 찍을 수 있는 카메라 어플리케이션도 그럴 때 유용하게 쓰고 있다. 택시를 카드로 결제한 뒤 영수증에 찍힌 정보를 바탕으로 택시기사를 신고했던 적도 있다.

한때는 화가 났다. 왜 이렇게 나한테 싸움이 자주 걸리는 걸까. 여름이면 가슴이 파인 옷을 종종 입는데 그래서들 그렇게 쳐다보는 걸까. 내 인생과 개미만큼도 상관없는 너 때문에 옷을 고를 자유를 제한해야 할까. 처음엔 혼자만 불쾌했지만 곧 같이 걷는 친구가 알고 남자친구가 함께 느꼈을 정도로 수 차례 겪어왔던 시선강간이다. 어떤 책에서 봤는데 눈에 띄는 아름다운 여성에겐 오히려 그러지 못한다고 했다. 모두가 주시할 만한 대상이기 때문에 아예 덤비지 않는다 했다. 그러니까 더 짜증이 났다. 책은 대처 요령도 함께 알려줬다. 뒷문을 허용해서는 안 된다. 도움을 청할 땐 구조자 지정이 필요하다. "거기 초록색 모자 쓴 아저씨 도와주세요” 하고 분명하게 말해야 당사자가 책임감을 가지고 동참할 수 있다. 절박하고 중요한 구조 요청이 허공에 날려서는 안 된다. 몰랐다면 더 좋았을 팁이 이렇게 계속해서 쌓인다. 여성은 살면서 남자가 모르는 요령을 습득해야 한다. 그리고 각자의 방식으로 살아남는다.

카오스 페미니즘

그런데 살아남은 여성들과 언제나 말이 통하지는 않는다. 페미니즘이 부상할수록 느끼는 바 페미니즘은 일관된 의미로 규정하기 어려운 사상이다. 여성이 인구의 절반인 만큼 입장과 주장이 다 다르다. 미 대선 후보였던 힐러리도 페미니스트다. 시오니스트도 페미니스트일 수 있다. 모든 여성이 차별을 거부해야 한다는 대의 아래에서 퀴어를 거부하는 사람도 자신을 페미니스트라 말한다. 게이는 남성이기 때문이고, MTF 트랜스젠더의 경우 트랜지션 이전까지 남성의 특권을 누려왔으며 생물학적으로 임신과 출산이 불가능해 여성의 생리적 고통을 이해하는 데 한계가 따르기 때문이라는 것이 그들의 논리다. 백수정은 그런 페미니스트를 볼 때마다 혼란스럽다. 단순히 페미니즘 진영에서 뜻이 달라 갈린다고 정리하기에는 석연찮은 구석이 있다. 너무 못 됐다. 너무 악랄하다. 사실 속에서 천불이 난다. 두 개의 자아가 싸운다. 이십대 초반 디자인 사무실에서 일하던 시절 착취가 무엇인지를 제대로 보여줬던 여자 사장도 떠오른다. 백수정이 밖으로 차마 드러내지 못하는 여혐이 그때 시작되었다. 혐오는 곧 질문이 되었다. 저런 사람을 위해서도 싸워야 하는 걸까. 그런데 싸워야 한다.

　　백수정은 어느 활동가의 선언에 감정을 많이 실었다. "박근혜와도 연대는 할 수는 있지만 심상정이라도 연합은 할 수 없다." 그 이상 자신의 심정을 대변할 수 있는 말은 없다 했는데, 풀어 말하자면 이렇다. 정치적으로 영영 연합할 수 없는 존재가 있다. 그러나 정치적 입장과 별개로 언제든 연대해야 하는 존재가 있다. 개인 대 개인으로 용서할 마음이 전혀 없지만 노동자 연대라는 대의 아래에서라면 성추행범마저 안고 가야 하는 것처럼, 여성운동 또한 내 입맛에 맞는 사람들이랑만 할 수는 없다. 누구를 배제하고 빼고 하는 페미니즘이란 없다. 내가 아는 길과 저 페미니스트가 가는 길이 달라 혼란이 찾아올 때면 일단 저런 페미니스트가 되어서는 안 된다고 분명하게 다짐하면서도 연대의 기본적인 원칙으로 돌아간다. 위에서 웃고 있는 사람은 따로 있으니 여성이든 노동자든 퀴어든 계급 피라미드의 맨 아래 위치한 낮은 자와 함께 움직여야 한다.

동시대 페미니즘을 둘러싼 불편은 또 있다. SNS의 물결을 타고 크라우드 펀딩과 1인 사업이 대중화되면서 콘텐츠가 됐든 액세서리가 됐든 페미니즘은 팔리는 것이 되었다. 이건 페미니스트이자 디자이너, 그리고 수공예품 사업가 백수정의 고충이기도 한데, 인간 백수정은 사람이나 동물한테 못생겼다 말하는 건 대단한 무례라는 것을 알지만, 디자이너이자 사업가 백수정은 프로답지 않은 제품한테는 못생겼다는 말을 써도 된다고 생각한다. 고민하지 않으면 그런 결과가 나온다. 그동안 몇 차례 제작 제안이 있었지만 고민 끝에 다 거절했다. 퀴어 굿즈 제작 앞에서는 퀴어 당사자가 아니라 함부로 손대지 않는 게 맞다고 생각했고, 페미니즘 굿즈는 페미니스트 당사자이기 때문에 예쁘게 나오지 않으면 감히 팔 수 없다고 생각했다.

새로 경험한 권력, 사장

백수정은 드러머 말고도 다른 역할이 있다. 쇼핑몰 사장이다. 천연 오일 제품 브랜드 크라프트 코데즈를 운영하고 있는데, 향초와 비누와 방향제를 직접 만들어 파는 수공예 사업이다. 뭘 만드는 걸 좋아했던 백수정은 일찍 디자인 고등학교에 갔고 대학에 입학한 뒤에는 고교 시절에 이미 배웠던 걸 반복하는 게 시시하다 느껴 길게 휴학한 뒤 디자인 사무실에서 꽤 오래 일했다. 손으로 하는 걸 잘하니 웹부터 의류까지 다양한 분야의 디자인 업무를 경험했고 취미로 가죽공예도 하고 메이크업도 하다가 유행을 타고 향초를 만들어 쓰게 되는데, 초를 만들려면 왁스가 필요하다. 어딘가에서 왁스를 싸게 판다기에 10kg을 안고 왔는데 정신을 차리고보니 혼자 소진할 수 있는 양이 아니었다. 필요한 사람이 있다면 쪽지를 달라고 가볍게 블로그에 올렸더니 그날 40개가 나갔다. 그 상태로 3일이 지속되니까 겁이 나 다음날 후다닥 사업자 등록을 마쳤고 환경부 인증도 받았다. 뭔가에 홀린 사람처럼 엉겁결에 후다닥 진행했는데, 초를 사간 사람들의 우호적인 후기가 영업의 토대가 됐고 백수정 스스로도 허투루 만들지 않았다. 수제작 사업을 하다 보면 재료비에 민감해지고 그러다보면 오일의 양부터 줄인다. 예나 지금이나 백수정은 오일을 가지고 장난을 치지 않는다.

밴드 활동을 유지하고자 어쩔 수 없이 일하는 친구들이 있다. 먹고 사느라 바빠 음악을 내려놓는 경우도 있다. 전업 음악가한테도 이런저런 고충이 있다. 취미가 일이 되는 순간 초심과 멀어진다고들 하는데, 백수정은 지금 하는 일이 충분히 만족스러운 데다 음악에도 긍정적인 영향을 미친다고 말한다. 야근의 연속이었던 디자인도 그랬다. 디자인에도 리듬이 필요하다. 음악과 마찬가지로 리듬은 디자인에서도 중요한 조형 요소다. 속한 밴드의 노래를 재생해두고 리듬을 타면서 포스터 작업을 했던 일이 있는데, 음악을 안 했다면 얻지 못할 결과가 나왔다고 생각한다. 어떤 일이든 계속 즐거울 수는 없지만 두 가지를 동시에 하다 보면 하다못해 각각의 일이 도피처가 되어주기도 한다. 미칠 만큼 디자인이 안 나오면 합주하러 가고 싶어지고, 완성한 음악이 마음에 들지 않거나 밴드 활동으로 인한 압박을 느낄 때면 뭘 만들고 싶어진다. 경제적인 효과도 있다. 장비 욕심이 날 때마다 더 열심히 일하고 더 많이 팔아야지 한다. 더 나은 음악을 생각하면서 악기를 지르면 사업이 카드값을 막아준다.

쇼핑몰은 하루 사이에 200개가 생기고 100개가 없어진다는데 백수정의 브랜드 사업은 생각보다 잘 풀렸다. 최근에는 직원 한 명이 들어왔다. 낮은 자와 연대해왔던 사회운동가 출신이자 젠더 감수성에 민감한 페미니스트, 그래서 위계와 권력을 혐오하고 경계하는 백수정이 고용주가 됐다는 것이다. 갑자기 높은 곳으로 오르게 된 백수정 대표는 직장 내 낮은 자와 어떻게 교감하고 있을까를 묻자 먼저 그건 내가 아니라 직원한테 물어봐야 할 것 같다며 웃었다. 곧 지키고 있는 수칙을 말했다. 고용노동부가 정한 최저임금은 실수령액이 되어야 한다. 최고임금이 아니라 최저임금이니까. 그걸 못 주는 사람이라면 그냥 회사원 해야지 사람 쓰는 자영업자가 되어서는 안 된다. 엄청난 대접까지는 못 해줄지언정 직원은 사장과 한 공간에서 일하는 사람이니 환경과 제반도 같아야 한다. 그래서 책상, 컴퓨터, 의자까지 크라프트 코데즈의 직원과 사장은 똑같은 것을 쓴다. 직원이 재미있어야 사장도 일이 풀리는데, 그러려면 일단 동등한 노동의 조건을 만들어야 한다. 우리 모두는 결국 낮은 지니까.

백수정의
페미니즘 교과서

트위터

twitter.com

"최근 몇 년 사이 트위터를 통해 페미니스트 선언을 하는 사람이 늘었다. 거기서 접하는 여성 관련 이슈와 해석을 통해 분노를 공유하면서 변한다는 것이다. 나는 2010년 트위터 계정을 팠는데, 그때나 지금이나 페미니즘에 대한 나의 인식에는 큰 차이 없는 것 같다. 누군가는 트위터를 통해 새로운 자아를 발견하거나 연기하기도 하지만 나는 예나 지금이나 앞에서 못할 말이라면 뒤에서도 하면 안 된다고 생각한다. 심지어 평소 말투와 트위터에서 쓰는 말투가 별로 다르지 않다는 이야기도 많이 듣는다. 그렇게 트위터에서 싸우고도 여태 계정 폭파하지 않고 살아남은 게 신기하다는 말도 종종 듣는다.

트위터는 소셜 네트워크다. 소셜, 즉 사회다. 사람이 모여 있는 곳이다. 내가 만날 사람을 내가 결정하는 것처럼 트위터 또한 내가 듣고 싶은 이야기 위주로 타임라인을 짠다. 나는 책보다 사람으로부터 영향을 받고 각성을 이룬 적이 많고, 트위터는 온라인이라 해도 똑같이 사람으로 구성된 사회이니 거기서 새롭게 배우는 것이 있는 것도 맞다. 이런 것도 순기능이라 할 수 있을지 잘 모르겠는데, 나는 주로 반면교사의 경험을 얻는다. 여성이 너무나도 중요해서 다른 약자들은 챙기지 않겠다고 말하는, 나아가 다른 약자를 모욕하는 페미니스트를 종종 만난다. 저런 페미니스트가 되면 안 된다는 것을 나는 트위터를 하면서 계속해서 배운다."

"이제는 말할 때마다
떨지 않는다"

소히 더 강해진 생존자

본명 최소희. 1978년생. 1999년 밴드 잠의 베이시스트로 데뷔해 첫 앨범 〈낮잠〉(2000)을 발표했다. 이후 기타를 들고 첫 솔로 앨범 〈앵두〉(2006)를 발표했고, 솔로 활동을 시작한 이래 브라질리안, 삼바, 재즈 등 다양한 장르를 선보이고 있다. 때때로 성폭력을 소재로 노래를 쓴다. 소히는 포르투갈어로 미소를 뜻한다.

soheeso.com
facebook.com/sorri7

한참 전부터 소히와 종종 만날 일이 있었다. 언젠가 소히가 먼저 말을 꺼냈다. "전에 내가 말 안 했던가? 제가 어릴 적에 겪은 일 있잖아요." 덤덤하게 말하는 소히 앞에서 나는 기사를 봐서 대강은 알고 있었다고 말하고는 곧 후회했다. 잠자코 있을 걸 그랬나 싶어 별 말을 더하지 못했는데, 시간이 흘러 나는 물어야 했다. "그 얘기를 책에 실어도 괜찮을까요?" 나는 질문하기 어려웠지만 소히는 또 덤덤하게 받아쳤다. "이미 다 말하고 다녔는데요, 뭘." 소히는 친족 성폭력 생존자다. 10여 년 전 처음 말을 시작했을 때 소히는 떨었다. 걱정과 긴장을 안고 시작했지만 괜찮다고 느낄 때까지 말할 기회를 스스로 만들어왔다. 10여 년이 지난 이제는 말할수록 강해진다고 생각한다. 그렇다고 해서 아무렇지 않은 것은 아니다.

서른을 바라보면서

데뷔 앨범 〈앵두〉(2006)의 표지를 처음 봤을 때가 생각난다. 소히는 당시 깜짝 놀랄 만큼 해맑게 웃고 있었다. 밴드 잠의 베이시스트로 활동하던 시절에는 몰랐던 표정이다. 2000년대 초반 소히가 활동하던 밴드 잠의 음악은 록의 하위 장르 슈게이징shoegazing 계열로 구분됐는데, 고개를 숙인 채 신발만 바라보면서 몰입의 연주를 들려준다 해서 붙은 이름이다. 그랬던 소히는 솔로로 데뷔해 고개를 바짝 들고 '앵두'라는 제목의 상큼한 노래를 들고 나타났다. 장르도 완벽하게 달라졌다. 2집 〈Mingle〉(2010)을 발표한 뒤에는 브라질의 언어 포르투갈어를 배웠고 짬짬이 삼바 댄스 레슨을 받았다. 레코드점 할인 행사 코너에서 무심코 집어 들었던 브라질 음악가 아스트로 질베르토의 베스트 앨범이 소히를 이토록 화끈하게 바꿔놓았다.

소히의 음악은 그 뒤에도 계속 변했다. 브라질리안에 주력했던 초기와 달리 3집 〈DayCare〉(2013)는 팝 위주로 설계했고 4집 〈Becoming〉(2018)에선 재즈라는 새로운 세계의 문을 열었다. 초기 시절과 비교해 남미 음악에 대한 소히의 관심은 많이 옅어졌지만, 앞으로 무엇에 꽂혀 어떤 결정을 내리든 고개를 숙이고 연주하던 시절로 돌아갈 일은 없을 것 같다. 솔로 데뷔를 기점으로 추구하는 음악은 물론 우선으로 생각하는 가치까지 송두리째 달라졌으며 더 많이 드러내기로 이미 오래 전에 마음을 굳혔기 때문이다.

잠에서 활동하던 시절까지만 해도 음악으로 먹고 살겠다는 생각을 안 했다. 앨범을 냈고 공연도 이어갔지만, 록이라 해도 후렴구 멜로디가 살아 있어야 통하는데 연주 중심으로 창작 활동을 이어왔던 잠은 한국 시장에 대한 기대와 비전을 일찍 내려놓았다. 모색한 방법은 포스트록이나 슈게이징 같은 장르가 어느 정도 통하는 미국을 상상하는 것이었고, 관련 음악을 꾸준히 소개해왔던 마타도어 같은 현지 레코드사에 데모를 보내기도 했다. 답은 돌아오지 않았고 그렇다고 좌절하지도 않았다. 반응과 보답이 거의 없는 걸 당연하게 여기면서 활동하던 시절이다. 학창 시절처럼 주어진 시간이 무한정하게 느껴졌던 이십대 초반이어서 더 그랬던 것 같다.

이십대 후반에 접어들어 솔로로 데뷔하면서 소히는 많이 변했다. 일단 몸이 힘들어졌다. 일하고 돈 버느라 바빠진 와중에 시간에 쫓겨 녹음하고 무대에 서다가 문득 하나만 하고 싶어졌다. 여전히 음악은 전업이 되지 못했고 일과 음악을 현재까지 병행하고 있지만, 대신 다른 변화가 따라왔다. 여성 동료들을 만나 사회와 개인에 관한 깊은 이야기를 나눌 자리가 생겼고 점점 더 많이 말하게 되었으며 노래의 소재도 변했다. 그런 자각이란 여성에게 극적인 계기가 없다 해도 스물스물 찾아오는 몹시 자연스러운 변화라고 소히는 생각한다. 문제를 인지한 여성은 책이 되었든 커뮤니티가 되었든 생각과 경험을 나눌 만한 무언가를 발견하게 된다. 그렇게 여성은 페미니스트가 된다.

고백은 노래가 되었다

소히의 4집에는 '보통의 경험'이 실려 있다. 한국성폭력상담소가 엮은 책 〈보통의 경험 - 성폭력 피해자를 위한 DIY 가이드〉로부터 얻은 제목이다. 3집에는 '심증'이 있다. 위안부 피해 할머니들을 위한 컴필레이션 앨범 〈이야기해주세요〉(2012)에 실리기도 했던 노래다. "내 옆자리에 앉아/ 내 옆구릴 스치는/ 느물거리는 손." 2집에도 그런 사람이 등장한다. '나나나'가 말한다. "하필이면 왜 나였는지 그냥 재수가 없었어/ 참 웃긴 건 하필 나인 사람 너무 많아/ (…) 그래 너처럼 그가 왜 그랬는지/ 몰라 몰라 알아." 이 모든 노래는 성폭력을 다룬다.

노래 이전에 고백이 있었다. 그리고 고백이 이루어진

작은 모임이 하나 있었다. 모임의 이름은 '릴리스의 시선'으로, 2007년 동료 가수 송은지와 흐른, 그리고 여성학을 연구하는 친구들과 함께 세미나를 열어 발제하고 토론하는 것으로 시작했다. 취지는 위안부 문제 해결에 힘을 실어줄 수 있는 문화적인 활동을 해보자는 것이었는데, 당시의 모임은 나중에 위안부 피해 할머니를 위한 컴필레이션 〈이야기해주세요〉를 기획하고 제작하는 발단이 되기도 했다. 그런 결과 말고도 소히한테는 중요한 기억을 남긴 모임이다.

첫 번째 세미나가 끝난 뒤 술을 마셨다. 모임 구성원 모두가 여성으로 겪어왔던 불편한 경험을 진솔하게 이야기하던 중에 갑자기 소히 입에서 말이 나왔다. 성폭력이란 '남의 이야기'가 아니라는 것을, 그리고 친족 성폭력 생존자임을 소히는 말했다. 어떤 의무감에서였을까. 남자 애인한테는 말했던 적이 있었다. 왜인지는 잘 모르겠는데 여자한테는 어려웠다. 절친한테 딱 한 번 말한 게 전부였다.

말하기 전까지 관련 이슈에 계속해서 눈길이 가긴 했다. 그러나 그런 건 오프라 윈프리나 피오나 애플 같은 사람만 하는 거라고 믿었다. 그렇게 유명한 사람이 나서서 말해준 덕분에 그건 소히 혼자만 겪었던 일이 아니라는 것을 알고 마음이 놓이긴 했지만, 미국 사람이고 또 대단한 사람이니까 토크쇼에 나와서 존중받으면서 이야기할 수 있고 자서

전에 쓸 수 있다고 생각했다. 피해는 자신의 경험이지만 고백은 자신의 것이 아니라고 여겨왔던 시간이 꽤 길었다.

그날 이후로 뭐가 어떻게 달라졌는지 명쾌하게 말하긴 어렵다. 그냥 지금까지 달라지고 있는 것 같다. 처음에는 말이 쉽게 안 나왔지만 말하는 경험이 쌓이니 마음이 전보다 편해진 것도 중요한 변화다. 소히는 앞으로도 계속해서 말할 것이고 노래에도 담을 것이며 더 분명하고 명확하게 쓸 것이다. 조금 더 일찍 썼다면 돌려 말하는 방법을 고민했을지 모르지만 소히는 그런 기술에 익숙하지도 않은 데다 그렇게 표현하는 것이 바람직하지도 않다고 생각한다.

작은 말하기, 큰 말하기

친구와 동료가 함께 열었던 세미나 이후 소히는 사단법인 한국성폭력상담소에서 주최한 컨퍼런스 '작은 말하기'에 참여했다. 조세영 감독의 다큐멘터리 〈버라이어티 생존 토크쇼〉(2009)를 보고 스스로 찾아간 길이다. 2008년 3월 시작해 현재까지 운영되는 작은 말하기는 매월 일정한 인원으로 신청자를 받은 뒤 빙 둘러앉아 자신을 소개하고 성폭력 피해 사실을 이야기하는 자리고, 〈버라이어티 생존 토크쇼〉는 작은 말하기를 모자이크 없이 기록한 영화다. 성폭력을 겪은 여성 대부분이 숨거나 입을 닫는다. 이를 말하기로 어렵게 마음을 먹는다 해도 이름과 얼굴을 드러내지 않는 편이 안전하다. 어릴 때부터 외로웠던 건 이 고통이 나만의 고통이라 믿었기 때문이었는데, 소히는 더는 숨는 것을 거부한 영화와 모임을 통해 그게 나만의 고통이 아니라 참여한 우리 모두가 나눌 수 있는 고통이라는 것을 깨닫게 되었다.

자신의 이야기를 시작하려면 용기가 필요하다. 그리고 준비가 필요하다. 다른 사람들의 말을 관찰하는 것이다. 작은 말하기를 이끌어가는 진행자는 당부했다. 여기서 나눴던 타인의 이야기를 절대로 밖에서 하면 안 되고, 모든 것을 말할 필요는 없으며 모두가 말할 필요도 없다. 즉 말의 주인은 자신이다. 그러나 말은 힘들다. 말할 수 있는 분위기를 만나 덤덤하게 타인이 아닌 자신의 이야기를 들려주는 사람도 있었지만 누군가는 눈물을 흘렸다. 소히는 울지 않고 말하는 편을 택했고, 세 번째로 나갔을 때 이어진 뒤풀이 자리에서 자신을 가수라 소개하면서 술을 나눴다. 동료와 친구들로 구성된 위안부 세미나 모임이 여자친구들에게 처음으로 자신이 겪은 성폭력을 말했던 순간이라면, 여기는 모르는 사람에게 처음으로 자신의 이야기를 털어놓은 자리였다. 7-8회쯤 갔을 때는 모임을 위해 일하는 상담사 같은 자원활동가가 되고 싶어졌다. 나중에는 한국성폭력상담소에서 주최한 공연 무대에 섰다.

모임 이후 소히는 더 많이 말하기 시작했다. 관련 인터뷰 제안이 들어오기도 했다. 그건 좀 달랐다. 말하기로 마음먹긴 했는데, 공식 인터뷰라 생각하니 시작하기 전부터 떨렸다. 인터뷰를 마친 뒤에는 다른 의미로 떨렸다. 기사가 나왔고 그 기사에는 '성폭행 피해 뮤지션'이라는 생생한 헤드라인이 떴기 때문이다. 그리 어렵게 꺼낸 이야기를 그리 간단하게 정리했다는 길 확인한 순간 세상이 발칵 뒤집힐 이슈가 될 것 같았다. 가해자는 살아 있다. 게다가 친족이다. 그런 기사를 어머니가 볼 수도 있다.

다행이라고 해야 할까. 기사가 나온 뒤로 걱정했던 큰일은 벌어지지 않았다. 그러나 불편한 마음은 오래 갔다. 소히는 첫 고백 이후 10년을 "나를 보호하는 것과 나를 넘어서는 것을 줄타기해 온 시간"이라 표현한다. 여전히 소히는 줄 위에 있지만 그래도 그때만큼 아슬아슬하지는 않다. 가해자를 안 본 지 10년이 넘었고, 그러면서 스스로 정리된 부분도 있다. 기사의 제목이 남긴 불편하고 무서웠던 기억은 사라지지 않지만 이제는 필요했던 과정이라고 느낀다. 그런 공적 발언이 이로운 방향으로 쓰이기를 바라기 때문이다. 〈버라이어티 생존 토크쇼〉를 보고 소히가 용기를 얻었던 것처럼, 소히의 말하기도 연쇄적으로 누군가에게 용기가 됐으면 좋겠다.

처음이 그렇게 어려웠던 여자한테는 아무런 문제가 되지 않았다. 어렵게 말을 꺼냈다는 걸 알고 대다수가 수긍하거나 같이 아파했다. 그러나 소히는 알고 지내는 남자들이 아직까지도 신경 쓰인다. 남자들에게 말했을 때 주로 돌아왔던 반응은 "말하고 다니지 않는 게 좋겠어"였다. 친구 소히를 보호하는 차원에서 하는 말인 건 아는데 들을 때마다 맥이 빠진다. 한편으로는 자신의 경험이 성적으로, 혹은 흥미로 소비될까봐 걱정스럽다. 어쩌면 남자들이 그렇게 소비할 수 있다는 걸 더 잘 알기 때문에 그렇게 얘기하지 말라는 것일 수도 있고, 남은 삶을 위해 말하지 말라는 걸 수도 있다. 일리가 있는 말이라는 걸 인정하면서도 소히는 계속 말해야 한다고 생각하는 입장이다. 소히의 고백을 시작으로 새로운 고백이 이어지는 것을 봐왔기 때문이다. 그럴수록 말하는 것이 살아 있는 동안 해야 할 중요한 일 가운데 하나라 소히는 깨닫는다.

어린 날의 무대

더 먼 과거로 갔다. 어린 날의 음악을 물었다. 어릴 적

사로잡혔던 음악과 지금 추구하는 음악이 다르다 한들 노래를 선택한 대부분의 여성은 언젠가 비슷한 여성을 발견하고 면밀하게 관찰했던 시절이 있다. 소히의 눈에 처음 들어왔던 가수는 초등학교 입학 전부터 TV를 켰다 하면 나왔던 김완선이다. 그 시절 기타 치면서 노래하는 여자 가수는 없었다. 예나 지금이나 미디어를 통해 접하는 여성은 노래 이전에 외모와 섹슈얼리티를 부각하는 경우가 더 많고, 소히도 미디어의 관점을 따라 김완선을 흡수했다. 노래보다는 무대를 통해 드러나는 예사롭지 않은 표정, 춤, 옷 같은 것에 더 눈길이 갔다.

　　고등학생이 된 소히는 SWV 같은 미국 알앤비 그룹의 노래를 따라부르기 시작했다. 그 시절 열어봤던 잡지들은 이런저런 기획사들이 신예 가수를 기다린다는 광고를 냈다. 테이프에 녹음한 노래를 부모 몰래 여러 회사에 보냈더니 두 군데에서 연락이 왔으며 한 곳에선 오디션을 보자 했다. 노래를 잘해서가 아니라 아무래도 가요가 아니라 이상한 팝을 불렀기 때문에 연락을 준 것 같다. 용기내서 데모를 보냈지만 오디션 일정이 잡히자 미래가 두려워졌다. 어렴풋하게나마 실패를 예감했다는 것인데, 노래를 좋아하긴 했지만 엄청나게 뛰어나지 않다는 것을 인지하고 있었고 소속사가 요구하는 것을 따를 자신도 없었다. 소히는 그렇게 스타라는 막연한 미래와 작별하고 곧 다른 곳으로 눈을 돌리게 된다. 사촌언니를 따라 우연히 홍대 클럽 드럭에 발을 들이면서다.

소히를 클럽으로 이끈 사촌언니 얘기가 재미있다. 이전까지 미국에서 살았던 사촌언니는 한국으로 들어왔다가 당시 활동하던 밴드 친구들과 어울렸는데, 그러다 강기영과 박현준이 새로 준비하는 밴드의 보컬이 되었다. 소히 표현에 따르면 "남다른 구석이 있긴 했어도 밴드가 요구한 만큼 미치지는 않아서" 더 팔짝팔짝 뛸 수 있었던 이윤정이 삐삐로 낙점됐지만, 어쨌든 사촌언니는 데뷔 이전 합주와 녹음에 참여했던 삐삐밴드의 초기 멤버다. 삐삐밴드라는 이름까지도 그녀의 아이디어였다. 언니는 삐삐밴드 전후로 밴드하는 친구들의 공연을 보러 드럭 같은 홍대 일대 클럽에 드나들었는데, 당시 고등학생이었던 사촌동생 소히를 종종 데려갔고 따라간 소히는 거기서 많은 것을 얻었다. 언니의 인맥 덕분에 관객이자 팬으로 무대를 접하는 것을 넘어 무대에 서는 언니 오빠들과 친구처럼 어울렸고 그러다 악기를 들게 됐다. 언니는 지금 음악과 무관한 삶을 산다. 개인의 행복을 중요하게 여기는 똑똑한 사람이었고, 이게 행복을 보장하는 길이 아니라는 것을 일찍 알고 진작 미국으로 돌아갔다.

사촌언니와 함께 드럭을 드나들었던 시절은 1990년

대 후반으로 크라잉 넛과 노 브레인으로 대표되는 펑크의 태동기였지만, 소히는 그보다 드럭이 시리즈로 기획한 컴필레이션 〈Our Nation 1〉(1996)에 참여했던 예외적인 음악가 옐로우 키친에 눈이 갔다. 최수환과 도순주가 결성해 각종 노이즈를 실험했던 밴드다. 소히는 순주 언니가 너무 멋있었다고 했다. 무대에 서는 여성은 화려해야 하는 줄만 알았다. 그런데 순주 언니는 낡아서 더 멋진 그런지grunge 패션에, 때때로 담배를 물고 공연했다. 그렇게 자신한테 집중하는 모습에 반했다. 새로운 롤 모델에 대한 연정은 음악에 대한 구체적인 관심으로 이어졌다. 옐로우 키친의 'Betty Sticked The Fork in Her Eyes'에서 흘러나오는 리프에 이끌렸고, 드럭에서 만난 친구들에게 똑같이 연주하려면 어떻게 해야 하는지를 물었다. 이전까지 록에 전혀 관심이 없었던 소히는 그렇게 해서 악기를 들었다.

한때는 여자라서 유리했지만

사촌언니는 떠났지만 소히는 무대를 얻었다. 당시 공연하러 드럭을 드나들면서 새로운 팀을 구상하고 있었던 박성우와 이민수가 옐로우 키친의 노래를 일부 연주할 수 있었던 소히에게 베이스를 맡겼다. 응하기 어려운 제안은 아니었다. 연주할 수 있는 곡이 많지는 않았지만 창작이 더 쉬웠다. 누군가 음을 하나 띄우면 자연스럽게 따라갔고, 코드라는 게 뭔지도 몰랐는데도 그냥 손가락을 놀리다 보면 화성이 나왔고 잼을 하면서 놀다보면 곡이 만들어졌다. 그렇게 해서 소히는 박성우를 비롯한 친구들과 함께 잠을 결성했다. 한편 그 무렵 99라는 이름으로 밴드를 준비하던 성기완이 같이 하자고 소히를 불렀다. 소히더러 "노래하는 베이스 같다"고 했다. 베이스를 만나 리듬에 눈을 뜨기도 했지만 그만큼 멜로디와 리프에도 관심이 많았기 때문에 그런 얘기를 들은 것 같다.

어쩌면 그때부터 곡을 쓰고 싶었는지도 모르겠다. 전축에 마이크를 연결해 녹음했던 첫 자작곡도 그 무렵 나왔다. 대단하지도 어렵지도 않았던 자연스러운 경험으로 소히는 기억하는데, 그로부터 한참 시간이 흘러서야 소히는 베이스가 아닌 기타를 진지하게 팠고 솔로 데뷔를 마쳤으며 그러다 복합문화예술공간 문지문화원 사이에서 기획한 수업 '모든 소재로 곡 만들기'를 통해 작곡을 교육하는 기회를 얻기도 했다. 소히가 작곡을 배운 건 전혀 어려운 경험이 아니었는데, 가르치는 입장이 되니 소히도 힘들고 배우는 학생들도 힘들어 했다. 악기든 스마트폰 어플리케이션이든 각각 활용할 수 있는 도구로 모두가 자유롭게 욕구를 표현할 줄 알았는데 열린 장소에서 그런 자유로운 창작을 유도하는 것은 쉽지 않았다. 가르치는 요령이 부족하기도 했지만 강의 같은 외부 행사 또한 익숙해질 만큼 기회가 자주 있지 못했다.

소히는 활동 초기 시절을 돌이켜보면 여성이었기 때문에 얻은 득이 더 많다고 했다. 하지만 이만큼 시간이 흐르고 나니 그게 과연 득이었는지 잘 모르겠다. 음악하는 여성이 드물었던 시절이라 그때는 어디서든 더 쉽게 기용됐던 것 같다. 단기적으로 봤을 때는 득이다. 소히 스스로 생각하기를 부족한 게 많았던 시절이지만 동료가 원하니까 잘하는 줄 알았다. 이처럼 여성들은 애초에 기대치가 낮아 어느 정도만 해도 잘한다 소리를 듣는다. 그러나 첫 평가가 공정하지 않다면 실력을 키우고 자립성을 갖추는 데 어려움이 생긴다.

솔로 앨범을 준비하면서 소히는 이를 절감했다. 음악가한테 앨범을 낸다는 건 엄청 중요하고 어려운 일이다. 신경 써야 할 것도 많고 부담도 크다. 혼자서 모든 일을 해결하기 어려우니 누가 편곡이나 프로듀싱을 해줘야 한다고 생각하고 기대는 일조차 자연스러웠다. 반면 그 나이에 선택되지 못한 남성 음악가들은 어떻게든 실력을 갈고 닦는다. 그래야 살아남는다. 애초부터 문턱이 높았기 때문에 열심히 연주를 연마하고 나아가 스스로 앨범을 만들기 위해 필요한 준비까지 마치게 된다. 이 같은 차이는 결국 일거리의 문제로 확장된다.

얼마 전 소히는 동료 남성 싱어 송라이터로부터 어느 동료 앨범에 프로듀서로 참여했다는 얘길 들었다. 그런 남자들은 적지 않았다. 그들은 연주와 노래로 시작해 어느 순간 소리와 음악을 컴퓨터의 언어로 전환하는 미디를 능숙하게 다루게 됐고, 나중에는 주변 음악가들에게 필요한 사람이 됐다. 그런 기술을 강의할 기회까지 얻기도 했다. 그런 경험이 쌓이면 자신의 앨범을 만들 때 중요한 의견을 내고 통과시킬 수 있고, 나아가 경제력까지 얻을 수 있다. 이처럼 남자들은 시간이 지나면 할 일이 더 많아진다. 자기 앨범을 만드는 것을 넘어 동료의 앨범을 책임질 수 있는 사람으로 성장하는 것이다. 소히랑 비슷한 시기에 데뷔해 현재까지 활동하고 있는 동료 남성들이 대부분 그렇게 왕성하게 일한다. 소히는 남자 동료들의 이야기를 하면서 걱정한다. 독립적이지 못했던 이유를 남성 음악가 탓으로 돌리고 있는 것은 아닐까. 환경의 문제가 아니라 개인의 문제였던 것은 아닐까.

여성 프로듀서가 있긴 하지만

송라이팅이 작곡, 즉 말 그대로 노래를 쓰는 작업이라면, 프로듀싱은 노래를 다듬고 앨범의 성격을 굳히는 등 출반에 이르는 모든 작업을 총괄하는 일이다. 편곡가 혹은 프로듀서의 입장이라면 곡을 쓰는 것을 넘어 앨범이자 작품이라는 큰 그림을 그릴 줄 알아야 한다. 소히의 1집에는 가요 전문 프로듀서가 붙었고, 2집은 이한철이 맡았다. 3집에서 처음으로 프로듀서 역할을 공동으로 수행하긴 했지만 4집은 고찬용이 편곡과 프로듀싱을 맡게 되었다. 프로듀서는 앨범에 따르는 모든 과정을 진행하는 입장인데, 상대를 잘 알아야 하기도 하지만 무엇보다도 자기 실력에 대한 확실한 믿음이 있어야 한다. 그런 확신을 가질 만한 경험을 소히는 제대로 쌓지 못했다. 역량이 부족해서였을까. 아니면 여성이 주도적으로 앨범을 감독하는 분위기가 좀처럼 만들어지지 않는 게 문제일까.

프로듀싱은 사실상 남자가 독점하고 있지만 살펴볼 만한 반대 사례가 있다. 소히에게 필요한 자극을 준 동료들의 이야기이기도 하다. 미디를 다룰 줄 아는 데다 클래식 악기에 대한 이해도 깊은 한희정은 일찍부터 스스로 프로듀서가 되어 앨범을 만들어 왔고, EP 〈바깥의 땅〉(2017)을 스스로 제작한 흐른은 셀프 프로듀싱이라는 결정을 두고 13년 차 음악가의 돌파구라 설명한 바 있다. 오지은도 셀프 프로듀싱 경험을 쌓은 뒤 시와의 데뷔 앨범을 프로듀싱했다. 사례가 아직 많이 드물긴 하지만 그래도 작게나마 계속해서 발전하고는 있다. 이영훈의 앨범 〈내가 부른 그림 2〉(2015)은 선우정아와 이영훈의 공동 편곡으로 완성한 작품이다. 남성 음악가의 앨범에 여성 음악가가 투입돼 중요한 지휘권을 가지고 마무리한 것이다. 그래도 차이와 한계는 명백하다. 여성 음악가와 여성 연주자부터 상대적으로 현저하게 적은 형편에 여성 프로듀서는 당연히 압도적으로 적다. 소히는 얼마 전 JTBC 〈투유 프로젝트-슈가맨〉을 보다가 주류 음악계 또한 성 역할이 확실히 구분되고 있다는 것을 새삼 느꼈다고 말했다. 〈슈가맨〉은 흘러간 노래를 편곡해 오늘의 가수가 다시 부르는 예능 프로그램이다. 그런데 편곡은 늘 남자의 영역이다. 여성은 쇼맨으로 출연해 노래할 뿐이다. 노래의 재구성에 있어 주도적인 역할은 남자가 하고 여성은 보조적인 역할에 머무른다.

여기에는 남녀 간의 근본적인 성향 차이도 있다는 걸 소히도 인정한다. 음악을 모르던 어린 시절부터 기계와 친숙하도록 교육받아왔을 남성 음악가들은 동료들과 만나면 장비 얘기 엄청 많이 한다. 기타 치면 이펙터 얘기하고, 미디하는 친구들끼리 모이면 각종 전문용어가 쏟아진다. 그렇게 남성 음악가들이 실용적인 것에 접근할 때 여성 음악가들은 음악 얘길 해도 자신의 목소리에 집중하거나 곡을 쓰는 일의 어려움을 털어놓는다. 아니면 사는 얘기, 개인적인 얘기를 한다. 남자들처럼 "넌 어떤 툴 써?" 하는 질문을 별로 하지 않는다. 남성이 음악을 경력이나 일 같은 개념으로 접근하는 동안 여성은 음악을 예술이나 삶의 문제로 이해하는 것이다. 소히는 비교적 기계와 장비 및 음악 제작 프로그램에 대한 이해도가 높은 편이지만 한때는 그런 얘기만 하는 남자들이 좀 이상하다고 느꼈다. 그래도 이제는 좀 변하고 있는 것 같다. 얼마 전 이십대 여성 음악가와 말을 섞게 됐는데, 한때 남자들의 대화라 생각했던 장비 이야기를 구체적으로 나눈 적이 있다.

소히도 한때는 노력했다. 성별 불합리에 대한 문제의식 이전에 돈 문제에서 시작했다. 앨범을 하다 보면 늘 제작비 문제에 부딪힌다. 프로듀서 이외에 연주와 미디 등 분야별 전문가를 고용한 순간 그게 다 돈이다. 특히나 녹음과 공연에 있어 연주자 비용이 가장 크게 나가는데, 그럭저럭 타협할 수 있는 친구랑 같이 하기도 했고 세션 없이 공연을 준비하기도 했지만 완성도를 높이려면 더 많은 전문가가 필요하다. 이런 한계를 극복하려면 연주자가 듣고 바로 이해한 뒤 연주할 수 있도록 완벽한 편곡을 소히가 먼저 만들어야 한다. 그러려면 미디 작업을 제대로 할 줄 알아야 한다. 그래야 나중에 연주자를 쓰더라도 시간을 많이 줄여준다. 소히도 미디를 익혔고 유명한 원곡을 카피하면서 연습도 많이 해봤지만 전자음악을 전문으로 하는 사람만큼 잘하지는 못한다. 소히는 거의 모든 앨범을 남자 프로듀서 및 편곡가와 함께 작업했다. 혼자 다 해치우고 싶은 마음이 간절해도 자신의 경험과 능력을 뛰어넘는 남성 선배는 가까운 곳에도 이미 많았다.

미투, 위드 유

여태까지 정리한 내용은 2017년 여름과 가을 소히를 만나 나눈 이야기다. 그리고 우리는 2018년 3월 다시 만났다. 다시 만나 원고에 쓰인 표현을 꼼꼼하게 수정하는 과정을 거쳤고, 이어서 2018년의 화두로 넘어왔다. 전방위 성폭력 고발 운동 미투다. 소히는 나를 만나기 며칠 전에 있었던 어느 섭외 제안을 먼저 이야기했다. 어느 방송국의 여자 구성원이 미투 관련 다큐멘터리를 제작할 예정이라며 소히를 찾았다. 일단 소히는 스스로가 적절한 대상이 아니라 생각했다. 지켜본 바 미투 운동은 직장과 학교 등 권력이 작동하는 상하 관계에서 발생한 일에 초점을 두고 있었는데, 소희의 경우 어릴 적에 있었던 친족 성폭력이기 때문에 사례가 다른 만큼 생각할 시간을 갖겠다고 전했다. 며칠 뒤 방송의 남자 관계자로부터 다시 설득하는 전화가 왔다. 이 얘기 저 얘기 하다가 소희는 최근 4집을 냈지만 그렇게 유명한 사람이 아니라는 말을 하게 됐는데, 그랬더니 관계자 왈 방송에 나오면 앨범 홍보에 도움이 될 것이라 했다. 그 말에 바로 정리됐다. 히면 안 되겠다 싶었다. 소희 스스로가 매체를 그린 식으로 이용할 수 있다면 방송도 소희를 이용할 수 있다. 고민 끝에 참여를 결정했다 한들 방송이 어떻게 나올지 모른다는 것도 걱정스러웠다.

그렇게 해서 방송에 참여하지 않게 됐지만 방송을 빌리지 않아도 미투에 관해 소희가 더할 수 있는 말은 많았다. 먼저 어릴 적에 일어났던 일과 그걸 말하기로 결정하고 실행했던 시간들이 떠올랐다. 누군가의 용기로 소희도 말할 수 있었고, 나아가 치유에 이를 수 있었다고 생각한다. 음악 하면서 겪었던 여러 가지 일들도 떠올랐다. 성폭행이나 성추행이라 말하기는 애매한 것들이라 생각했는데, 미투는 그런 경험을 나누면서 성폭력의 범주를 넓히는 동시에 성폭력의 개념을 구체화하고 있었다. 그런 미투는 왜 이제 와서 이야기하느냐, 왜 그때 말 못 했느냐 공격받기 쉽다. 소히는 어릴 적에 겪었다. 그래서 아무 일이 아닌 것처럼 지내오는 것에 익숙했다. 가족이라는 울타리 안에서 말을 꺼낸 순간 모두가 어색해지고 힘들 것 같아 그랬다. 그게 소히가 택한 생존의 방식이다. 미투에 동참한 사람들 모두가 그래왔을 것이다. 그러니 미투란 커뮤니티 내에서 누리는 개인의 안전과 평화를 포기하고 큰 위험을 감수하면서 더 큰 변화를 이끄는 사람들의 운동이다.

소히는 며칠 전 미투를 다룬 한 방송을 봤다. 일본인 기자 이토 시오리를 남성 상급자가 성폭행한 사건을 소개하고 있었다. 경찰 조사가 이루어지고 체포영장까지 발부되었으나 막판에 경찰 고위 간부가 나타나 수사를 중단시킨 사건이다. 이처럼 일본에서는 묻혔으나 이토 시오리는 자신의 피해 사실과 일본 사회의 반응을 다룬 책을 출간한 뒤 외신 기자들 앞에서 실명 기자회견을 열었다. 기자는 영어 능력자였다. 덕분에 전 세계에 피해 사실을 폭로하고 성폭력에 대한 문제의식을 확대할 수 있었다. 영어 잘하는 프리랜서 기자가 아니라 일반인이었다면 가능했을까. 미투 이전에도 트위터를 통해 각종 업계의 성폭력을 폭로하는 운동이 있어왔지만 결국 이렇게까지 큰 폭풍으로 이어질 수 있었던 까닭은 서지현 검사가 법조계 성폭력을 공론화한 데 이유가 있을 것이다. 서지현이 없었다면 연극계 성폭력 또한 드러나기 어려웠을지 모른다. 그리고 그걸 JTBC 〈뉴스룸〉이라는 거대 매체와 손석희가 지속적으로 따라가지 않았다면 더 주목받기 어려웠을 것이다. 특히나 연극계에서 이윤택을 둘러싸고 일어난 일들이란 지나치게 비현실적이라 대중의 감정이입이 어렵다. 그러나 그런 일은 사실이었다.

한편 미투는 미디어를 통해 피해자의 실명과 얼굴 등 개인정보를 드러내는 방식으로 진행되고 있다. 어느 변호사가 지적한 것처럼 소히 또한 피해자의 소속과 지위는 물론 얼굴까지 다 드러내야 신뢰를 얻는 이 분위기가 위험하다고 느낀다. 소히의 경우는 피해 사실을 숨기는 분위기 안에서 성장했기 때문에 이제는 커밍아웃을 하고 싶다. 그러나 모두의 마음과 조건이 소히와 같지는 않을 것이다. 저마다 경우가 다르다는 것이다. 그러니 말하고 전달하는 방식이 일원화되는 건 적절하지 않다고 소히는 생각한다.

페미니스트의 회의와 복귀

돌이켜보면 소히는 2006년 솔로 데뷔를 기점으로 엄청난 변화를 겪었다. 일단 음악이 달라졌다. 슈게이징에서 브라질리안으로 추구하는 장르가 변하는 동시에 다루는 악기도 베이스에서 기타로 변했고, 연주자에서 노래하는 사람으로 변했다. 그렇게 노래하는 여성이 되어 작품 활동을 이어가는 동안 성별 불합리와 페미니즘에 관해서도 진지하게 생각해볼 기회를 얻었다. 어울리는 친구도 달라졌다. 여성 음악가들과 만나 음악을 넘어서 위안부로 대표되는 여성 문제를 나눴고, 나아가 성폭력을 말로 또 작품으로 말하는 사람이 되었다. 그러는 동안 페미니즘에 대한 크고 작은 회의도 찾아왔다.

10여 년 전 동료 및 친구들과 여성주의 이론을 나누던 시절부터 그랬다. 누가 더 책을 많이 봤나, 혹은 누가 더 예민한가를 겨루는 것 같았다. 페미니즘이 곧 도덕이 아닐까 싶을 만큼 작은 농담 앞에서도 평가와 검열의 잣대가 계속 따라다녔다. 주체적이고 확고한 신념을 바탕으로 적극적으로 활동하는 사람들을 볼 때면 저 정도는 되어야 페미니스트지 싶었고, 사실 요새도 자주 쪼그라든다. 남자한텐 너그러우면서 여자한테는 쓸데없이 엄격해질 때도 많고, 메갈리아와 워마드 등 계속해서 등장하는 동시대 페미니즘 이슈에 관해서도 입장 정리가 힘들다. 좌파 계열 행동가와 근본주의 페미니스트들이 강경한 주장을 이어가는 과격한 논쟁에도 동참하기 어렵다. 온라인은 혼란스럽고, 일상에선 실수가 난무한다. 막 결혼한 친구한테 큰 고민 없이 "그래서 아기는 언제?" 하고 물었다가 젠더 감수성 완전 떨어진다는 면박을 들었다. 소히는 내가 책을 앞두고 전화를 걸어 기획 의도를 설명했을 때도 말끝을 흐렸다. "그런 건 좀 더 공부를 한 사람이…." "제가 아직 좀 많이 부족해서…."

소히는 최근 유민석이 쓴 〈메갈리아의 반란〉을 읽었다. 나와 1차로 만나 요새 페미니즘에 대한 혼란을 이야기하다가 너무 모르고 말했지 싶어 집어 들었다 한다. 그렇게 해서 '미러링'이라는 개념을 처음 알게 됐다. 여러 가지 회의로 여성주의를 내려놨던 기간에 새로운 논의가 나타나 발전하는 과정을 뒤늦게 따라가면서 이해하고 동의하는 즐거움을 누리긴 했지만, 사실 좀 석연찮은 구석이 있다. 일례로 책에는 페미니즘의 필요성을 인종 문제와 다르지 않다고 설명하는 대목이 나온다. 예를 들어 버스 안에서 누군가 인종차별 발언을 한다고 했을 때 이를 방관하는 승객이 레이시스트의 권력을 만들어준다 책은 주장하는데, 소히 생각에 말 못 하는 사람들에겐 저마다 이유와 사정이 있다.

이런 지침은 페미니즘을 도덕적인 것으로 간주하게 만든다. 매사 도덕적인 관점에서 문제를 이해하고 접근하는 것은 힘든 일이며 가능하지도 않다. 소히는 그동안 남자친구랑 정말 많이 싸웠다. 저렇게 말하면 안 된다 생각했고, 남자가 하는 저런 말들이 내 경험의 구조적인 시작일지도 모른다는 생각에 더 화가 났다. 페미니즘 기초 서적 한 권을 권해도 남자친구는 억지 논리라면서 안 봤다. 살아온 삶이 다르니 이해의 폭이 다르고, 이해할 노력조차 잘 하지 않는다. 그러나 젠더 감수성 떨어지는 남자의 발언과 행동 하나하나에 예민하게 촉각을 곤두세우는 것은 평화롭지도 않았고 행복하지도 않았다. 사람을 바꾸고 싶어 그렇게 싸웠지만 성인을 계도한다는 것은 사실 가능한 일이 아니다.

페미니스트의 자격을 스스로 점검하는 것보다 더 어렵고 깊은 고민은 따로 있다. 소히는 성폭력 피해 사실을 친구들 앞에서 말한 뒤로 그간 이런저런 여성주의 모임에 참여해왔고 책이든 영화든 비슷한 사례를 많이 찾아다녔다. 그러다 페미니즘에 회의를 느낀 뒤 명상에 이어 불교를 발견하고 거기서 평온을 찾기도 했다. 그러나 사회활동도, 참고자료도, 종교조차도 완벽한 대안이 될 수는 없었다. "사실은요, 페미니즘이 내 괴로움을 해결해주진 못했어요."

그럼에도 불구하고 소히는 페미니스트이고 싶다고 말했다. 10여 년 전 친구 및 동료들 사이에서 여성주의를 처음 접한 뒤로 여러 의문과 싸우면서 좀 많이 지쳐 있던 것은 사실이다. 여전히 페미니즘이 설파하는 여러 이론과 주장이 과연 맞나 싶어 갸우뚱할 때도 많다. 소히는 만사 페미니즘이

해답은 아니라는 걸 인정한다. 그러니 페미니즘으로 모든 걸 해결할 수 있다는 헛된 생각을 내려놓고, 이제는 전보다 편안한 마음으로 페미니즘을 접하고 있는 상태다. 그렇게 해서 책도 다시 들고 미투도 따라가게 되었는데, 그런데 다시 페미니즘을 하니까 감각을 회복하고 있다. 조금씩 예민해지고 있다는 것이다. 마지막으로 소히에게 '나의 페미니즘 교과서'를 물었을 때 소히는 영화 〈도그빌〉(2003)을 말했고, 나는 곧바로 그 감독 라스 폰 트리에가 〈어둠 속의 댄서〉(2000) 시절 주연 배우 뷰욕을 성추행한 사실을 아느냐 물었다. 몰랐다면서 소히는 한숨을 쉬었다. "그것도 꼭 써줘요." 소히는 회복 중이다. 다시 예민한 페미니스트가 되고 있다.

소희의
페미니즘 교과서

보통의 경험 – 성폭력 피해자를 위한 DIY 가이드

한국성폭력상담소 부설연구소 울림 | 이매진

"내용도 좋았고 내게는 치유가 되는 부분이 있었다. 책의 일부를 소개하고 싶다."

"피해자가 될 것인가, 가해자가 될 것인가를 선택해야 하는 시험대에 섰다고 가정할 때 가해자가 되기를 선택하는 사람은 거의 없을 것입니다. 상처를 받아본 사람이 세상을 더 깊이 보게 된다는 것, 그 깨달음은 깊이 있는 삶의 통찰로 이어진다는 것을 사회적 약자들은 알고 있기 때문이겠지요. 여성이든, 소수인종이든, 장애가 있든, 특정 지역에 태어났든, 모든 사람은 동등하다는 인권의 명제는 '상처받은 사람들의 시선'에서 싸워서 얻은 것입니다."[2]

괴물이 된 사람들

패멀라 D. 슐츠 | 한국성폭력상담소 부설연구소 울림 옮김 | 이후

"가해자가 왜 가해자가 되는지 알고 싶어서 읽었다. 아동 성범죄로 수감된 사람들을 인터뷰했는데, 가해자들 대부분이 굉장히 불우한 어린 시절을 보냈다. 가해자들 또한 가혹한 학대 환경에서 자랐다는 것

....

2 30쪽

과 성폭력이 개인의 문제가 아닌 사회 억압구조의 순환이라는 것을 보여주는 책이다. 그리고 성폭력 피해 생존자가 썼다. 생존자이기 때문에 할 수 있는 연구이기도 했다. 내게도 성폭력 피해 생존자로서 할 수 있는 사회적 역할이 무엇인가를 고민하게 만들었던 책이다."

페미니즘의 도전

정희진 | 교양인

"페미니즘의 길을 열어줬다 말할 수 있을 만한 책이다."

메갈리아의 반란

유민석 | 봄알람

"메갈리아를 이해하는 데 굉장히 도움이 됐다."

도그빌(2003)

라스 폰 트리에 연출 | 니콜 키드만 출연

"MBC 〈PD수첩〉의 '영화감독 김기덕, 거장의 민낯' 편을 보고 떠올랐던 영화다. 영화 촬영 현장이 나오는 영화로, 권력의 위계를 따라 차례대로 여성 배우를 유린하는 남성 집단이 비슷하게 그려진다. 연출한 라스 폰 트리에가 〈어둠 속의 댄서〉(2000) 시절 뷰욕을 성추행했다는 사실을 방금 알았다."

"오디션보다
페미니즘이 먼저였어요"

안예은 넷페미 K팝스타

1992년생. 2015년 SBS 서바이벌 오디션 〈K팝스타 5〉 준우승자다. 오디션이
끝난 뒤 데뷔 앨범 〈안예은〉(2016)을 발표했고, MBC 드라마 〈역적: 백성을
훔친 도적〉(2017) 사운드트랙 작업에 참여했다. 2016년 7월 트위터 계정을
통해 메갈리아를 언급하는 것으로 온라인 페미니즘 논쟁의 중심에 섰던 일
이 있다.

twitter.com/56yenyen56
instagram.com/56yenyen56

앞으로 트위터 용어를 많이 쓸 것이다. 모르는 말이 난무할 수도 있고, 반대로 '트위터 사람들'이라면 앞으로 내가 계속 더하게 될 이런저런 부가설명이 답답할지도 모른다. 나는 안예은에게 디엠을 보내기로 했다. 트위터 내 1:1 다이렉트 메시지 전송 서비스를 말한다. 다행히 안예은 계정의 디엠은 열려 있었다. 트위터는 사회 관계망 서비스 가운데 말의 수위가 가장 높은 매체고, 상당한 팔로워를 두고 있는 트위터의 유명인사들은 쓸데없고 폭력적인 디엠을 종종 경험하기에 검증되지 않은 타인이 접근하지 못하도록 닫아놓는 경우가 많다. 안예은도 그런 사이버 불링을 겪은 바 있지만 이런 연락을 기다리기 때문에 열어두는 것이라는 고마운 답을 보내왔다. 다만 혼자 결정할 수 없는 일이니 회사와 상의하라는 신중한 의견을 더했다. 그래서 회사로 갔다. 앞으로 예민한 얘길 하게 될 텐데 과연 허락해줄까 걱정했지만 막상 소속사 팬더웨일 컴퍼니 담당자와 소통은 전혀 어렵지 않았다. "예은이가 이런 주제에 관심이 진짜 많아요. 그런데 공부 많이 해야 할 것 같네요. 목차 보니까 쟁쟁한 음악가가 많아서요." 나는 제발 힘 빼고 나와달라 전했고 겪었던 일만 들려줘도 충분하다 강조했다. 나는 2016년 7월의 안예은을 만나고 싶었다.

나도 메갈 하지 뭐

2016년 7월 24일 밤 아홉시가 넘은 시각 안예은은 썼다. "티셔츠 샀다고 메갈이면 메갈 하지 뭐."[3] 나는 다시 '설명충'이 될 각오를 하고 안예은이 사용한 표현부터 점검하기로 한다. 먼저 '메갈'은 메갈리아를 뜻한다. 디씨 인사이드의 메르스 갤러리에서 시작해 2015년 8월 독립한 온라인 페미니스트 커뮤니티로, '미러링' 전략을 표방했다. 일베를 비롯한 각종 남성 커뮤니티가 행하는 여성혐오를 남성을 향해 반사하는 것이다. 미러링은 구조상 뚜렷한 한계가 따른다. 복사해 수정할 원본이 없으면 불가능한 게임이지만 그러

....

3 안예은 트위터 | 2016년 7월 24일

나 이런저런 논란과 제재를 부르기에 충분했던 시도다. 메갈리아는 2018년 현재 폐쇄 상태이지만 당시엔 웹사이트를 유지하면서 페이스북에 페이지를 여러 개 만들어 동시에 운영하기도 했는데, 이용자 신고에 따른 페이스북 코리아의 조치로 페이지 몇 개가 삭제되자 이를 부당하다 판단한 각 페이지 운영자들이 직접 소송 절차를 밟기로 한다. 2016년 봄의 일이다.

'티셔츠'는 그때 나왔다. 패소 대비금 450만원 가운데 150만원을 모금하고자 티셔츠 제작을 예고했고, 크라우드 펀딩 플랫폼 텀블벅을 통해 후원을 진행한 결과 1억 원이 넘는 모금액이 확보되었다.[4] 그리고 티셔츠가 후원자에게 고루 전달되었을 2016년 6월 18일, 넥슨 코리아에서 배급한 게임 〈클로저스〉에 참여한 김자연 성우가 '티셔츠 인증샷'을 트위터에 올린다. 순식간에 사진이 번지고 항의가 쏟아지자 넥슨사는 만 하루 만에 해당 게임의 성우 교체를 공지하고, 며칠 뒤 김자연에게 계약 해지를 통보한다. 일파만파를 부른 문제의 티셔츠에는 기억해둘 만한 문구가 쓰여 있다. "여자는 왕자가 필요 없어Girls do not need a prince." 왜 티셔츠 한 장이 문제가 되었는가. 여기엔 젠더 권력과 인터넷 문화를 둘

....

4 한 장의 페미니즘으로 세상과 맞서다 | 텀블벅 | 2016년 6월

러싼 굉장히 복잡한 맥락이 있지만 지금 본질은 그게 아니라 안예은이니까 최대한 줄여보겠다. 그때나 지금이나 남초 온라인 여론은 메갈리아로 대표되는 페미니즘을 위험한, 실은 재수 없는 남성혐오로 인지하는 수준에서 못 벗어났기 때문이다. 남성혐오라는 말부터가 틀렸다. 혐오는 권력으로부터 나온다. 여성혐오의 유장한 역사와 막 여성이 시작한 반격의 미러링은 기계적인 대칭을 이룰 수 없다. 여성혐오란 확실하고 만연한 현상이지만 남성혐오란 성립되지 않는다.

안예은은 해당 글에 해시태그 '#내가메갈이다'를 달았다. 한 장의 티셔츠로 사실상 해고된 김자연 성우를 지지하고 나아가 억압받는 페미니스트와 연대하겠다는 선언의 표시였다. 전혀 예상하지 못했으나 선언 이후 안예은은 김자연 성우가 겪었던 것과 비슷한 것을 다 겪게 된다. 그 글 하나로 수없이 많은 기사가 떴고 '메갈 인증'이라는 네티즌의 비난과 낙인이 꼬리를 물었다. 안예은은 다음날 논란이 된 글을 지운 뒤 사과문을 올렸다. "오늘까지의 저의 경솔한 행동으로 인해 상처받고 실망하셨을 모든 분들께 죄송하다는 말씀을 드리고 싶어 글을 올립니다."[5] 그로부터 넉 달이 지나 그해 11월 안예은의 데뷔 앨범 〈안예은〉(2016)이 나

....
5 안예은 트위터 | 2016년 7월 25일

왔다. 앨범 발매 이후 이루어진 한 인터뷰에서 안예은은 비슷한 말을 보다 구체적으로 남겼다. "부족한 지식으로 경솔하게 행동해 여성 인권 신장을 위해 노력하시는 분들께도 폐를 끼친 것 같아 굉장히 죄송했습니다. 그래도 욕먹는 것이 두려워 목소리를 그만 내지는 않을 것입니다. 저는 지옥에서 온 페미니스트니까요."[6]

사실 앨범 발매를 앞두고 회사와 많이 상의했던 문제다. 소속사도 고민이 많아 일단 지켜보기로 했는데, 그러나 안예은의 소속사는 SM이나 JYP나 YG가 아니다. 시간이 어느 정도 흐른 뒤 소속사가 말하기를 앞으로 메갈 관련 질문이 안 들어올 수 없을 것이고, 넌 정체성이 그거니까 알아서 하라 했다. 그래서 논란으로부터 몇 달 지나지 않아 "저는 죽지 않습니다" "지옥에서 온 페미니스트니까요" 같은 말을 할 수 있을 만큼 회복되기는 했는데, 반응 같은 건 생각도 못 하고 썼다가 결국 관련 기사가 미친 듯이 터져 나온 그때를 떠올리면 마음이 몹시 무거워진다. 어머니 아버지가 아직까지도 그걸 찾아보면서 아파하는 것도 신경 쓰인다. 한편 안예은은 MBC 드라마 〈역적: 백성을 훔친 도적〉(2017)의 사운드트랙 작업에 참여했는데, 각종 음원 사이트 내 〈역적〉

....

6   메갈 논란부터 첫 정규 앨범까지, 안예은의 진심 | 위키트리 | 2016년 11월 30일

페이지에 따르는 메갈 관련 댓글을 보면 또 한숨이 나온다. 같이 참여한 전인권 선배나 드라마 관계자도 이걸 볼 텐데.

'인증' 뒤 얻은 것과 잃은 것

논란의 글 이후 기사가 쏟아지기 직전 이미 메갈 인증으로 안예은은 트위터를 통해 여러 공격적인 디엠과 멘션을 받았고, 그러다 무기력으로 인한 틸수 증상으로 응급실에 갔다. 수액을 맞고 어느 정도 회복돼 집에 가서 곧바로 누웠는데, 그때 회사로부터 전화가 왔다. 난리가 났다고 했다. 기사가 폭풍으로 쏟아지고 있었다. 곧장 일어나 회사로 달려가 논의한 끝에 일단 문제의 글을 지우고 사과문을 쓰기로 했다. 그김에 '트청'도 했다. 트위터 청소, 즉 여태까지 썼던 걸 다 지우는 작업이다. 사실 그때 좀 많이 혼났다. 안예은만큼이나 놀랐을 회사는 안예은더러 음악하는 사람이지 운동가는 아니지 않느냐 했고, 이러면 일이 끊길 수도 있을 거라 했다. 계약으로 묶인 엄연한 비즈니스 관계인 만큼 안예은도 회사의 입장을 충분히 이해했다. 사실 그날 이후 일은 더 많이 들어왔다. 페미니즘 및 퀴어 행사에서 공연을 제안했고 한국여성민우회 소식지 편집팀에서도 원고를 청탁했지만 혹시 모를 추가 여파와 이미지 고정을 걱정해 그때는 거절했을 뿐이다.

사실 각종 악플과 불쾌한 메시지 같은 것들은 생각보다 우스웠다. 병원까지 갔을 만큼 타격이 따르기는 했지만 안예은은 〈K팝스타 5〉(2015-2016) 출연 이전부터 트위터 페미니즘 물결에 동참했던 '트페미'인 데다 약 20년간 이런저런 크고작은 온라인 논쟁에 단련된 끝에 하루 만에 외면할 일이 되었다. 하지만 친구가, 아니 이제는 친구라 말할 수 없는 아는 애가 페이스북에 주어를 분명하게 쓰지 않고 "음악만 하는 애"라며 빈정거린 것은 참기 좀 힘들었다. 누가 봐도 그건 안예은을 저격한 거였다. 면전에서는 그렇게 말 못 할 거면서. 평소에도 여혐 남혐 모두 싫다고 말해 종종 안예은과 페이스북에서 댓글로 대립각을 세우던 관계였다. 그러나 전처럼 싸울 수는 없었다.

전처럼 싸울 수 없다는 것보다 더 속상한 건 성에 차지 않는 사과다. 고민은 깊었지만 마땅하고 적절한 사과라고 생각하지는 않는다. 그때나 지금이나 페미니스트 동지에게 미안한 마음이 너무나 크다. 괜히 일을 크게 만들어 더 뜨겁게 더 힘들게 운동하는 여성들에게 누를 끼친 것만 같았다. 어쩌면 자신이 저지른 소란으로 인해 페미니즘이 후퇴하는 것은 아닐까 싶기도 했다. 그렇게 욱할 게 아니라 공부를 좀 더 하고 단어를 걸러 논리적으로 입장을 말했다면 대처 문제로 고민하지 않았을 텐데. 이렇게 부끄러운 마음으로 사과를 하지도 않았을 텐데. 팬들한테도 미안하다. 심지어 '악플러'한테도 미안하다. 조금만 더 신중했다면 모두가 평온했을 텐데.

그날 이후로 안예은은 많이 변했다. 보는 눈이 많다는 걸 알았고, 트위터를 관리하는 방식도 달라졌다. 트위터에는 리트위트, 혹은 줄여서 알티라 부르는 기능이 있다. 타인의 의견에 공감할 때면, 혹은 반대로 어이가 없어 욕을 하고 싶어질 때면 해당 글을 계정주가 직접 자기 계정에 가져오는 것이다. 안예은은 사건 이후 새로운 알티 기준이 생겼다. 논란이 적을 기사나 공연 같은 정보성 글을 대체로 알티한다. 기사 말고 다른 것도 알티하지만, 공감할 만한 의견이라 해도 욕이 많다거나 내용이 지나치게 개인적이면 거른다. 그리고 자기 의견도 가급적 더하지 않는다. 그러나 안예은은 빼도 박도 못 하는 트위터 사람이라서 돌파구를 안다. 어떤 트위터 사람들은 계정 여러 개를 돌린다. 더러는 비공개 계정도 쓴다. 존재를 드러내지 않으며 안전하게 트위터 여정을 이어갈 수 있는 방법이다.

그렇게 몸을 사리게 되었으니 후회로부터 앞으로도 자유롭긴 어려울 것이다. 그래도 그 폭풍으로 얻은 것이 더 많다고 생각한다. 친구들은 "PDF 따주겠다" 했다. 사이버 폭력에 법으로 대응하려면 각종 악성 댓글과 메시지를 신고 기준에 맞게 저장해 제출하는 절차가 필요한데, 그걸 대신 해주겠다는 뜻이다. 안예은을 대신해 싸워준 트위터 사람들도 많았다. 안예은의 트위터 디엠은 절반의 욕, 그리고 절반의 위로로 꽉 찼다. 이름만 알고 있었을 뿐 교류가 전혀 없던 음악가 선배가 메시지를 보내왔다. 못의 이이언이다. "사과문 올리신 것 보고 너무 마음이 아팠습니다. 응원합니다." 또 다른 선배이자 동료 음악가 오지은은 커피 한 잔을 권했다. 나중에는 래퍼 슬릭과 함께 셋이 만나기도 했다. 동료들은 서로의 용기가 되었다.

너는 틀리지 않았어

〈우리에겐 언어가 필요하다〉의 저자 이민경은 첫 책 출간 이후 쏟아진 식상한 질문에 느끼는 피로를 토로한 바 있다. "사람들이 자꾸 메갈리아를 어떻게 생각하느냐고 묻는데 해줄 말이 딱히 없어서 괴롭고요(웃음).[7]" 안예은도 수없이 많이 받아온 질문이었을 것이다. 실은 질문을 가장한 공격이자 폭력이었을 것이다. 조심스럽고 또 미안하지만 나도 거기 껴야 했다. 그러려고 메갈리아의 역사와 배경과 영향력을 장황하게 설명한 뒤에 "혹시 드나들었던 적이 있었나요?" 하고 사전에 질문지에 적었지만 쓰면서도 나는 이래도 될까 싶었다. 아무리 돌려 말한들 결국 "그래서 메갈입니까?" 하는 온라인 내 한심한 사상검증과 다르지 않은 접근이라 생각했기 때문이다. 그러나 막상 안예은을 마주하자 나는 질문할 기회를 얻지 못했다. 트위터 이야기를 하다보니 묻기도 전에 안예은이 먼저 말해줬다.

안예은 표현을 그대로 빌리사면 안예은은 "트위터를 하루 종일 붙잡고 있는 사람이기 때문에" 메갈리아를 일찍 알았다. 메갈리아는 2015년 8월 나타났고 안예은은 그해 말 〈K팝스타 5〉에 출연하는데, 그 사이에 이미 메갈리아에 다녀왔다. 메갈리아에 올라오는 글이 트위터에서 돌기 시작했다. 여기가 트위터인지 메갈리아인지 헷갈릴 만큼 많은 글이 쏟아지던 무렵 호기심을 안고 한두 번쯤 찾아갔던 메갈리아는 일베, 오유, 불펜 같은 남초 온라인 커뮤니티와 거기 기생하는 각종 인터넷 뉴스 매체가 자극적인 부분만 편집해 고발했던 실상과 달라도 한참 달랐다. 눈이 번쩍 뜨였다. 그때 안예은이 봤던 글은 대부분 또래 여성의 자기 고백이다. "나

....
7 대한민국 넷페미사 | 권김현영 손희정 박은하 이민경 | 184쪽 | 나무연필

는 이렇게 살아왔다." "그게 내 잘못이 아니라는 것을 이제야 알았다." 끊임없이 올라오는 비슷한 글을 수없이 흡수하면서 안예은은 페미니즘이 무엇인지를 처음으로 제대로 알게 되었다. 거기에 자신의 경험이 있었고 나아가 자신이 있었다. 메갈리안의 인생은 안예은의 인생과 다르지 않았다.

고백에 동참한 다른 메갈리안과 마찬가지로 안예은도 그동안 '개념녀'가 되려고 엄청 노력해왔다. 일단 남자친구와 데이트할 때면 강박적으로 더치페이했다. 메뉴도 묻기 전에 알아서 골랐다. "오빠 나는 파스타 싫어. 국밥 좋아해." 커피 앞에서도 그랬다. "난 편의점 캔 커피가 더 좋더라." 이제 와 생각하자니 돌아가서 꿀밤 한 대 때려주고 싶을 만큼 부끄러운데, 돈 없는 남친 기 살려주겠다고 밥 먹고 나서 계산하고 오라고 신용카드까지 준 일이 있다. 반대로 적극적인 의사 개진에 실패한 날도 많았다. 성관계를 거부해 남자친구가 화를 내거나 삐질 때면 응해주지 않은 자기 잘못인 줄 알았다. "아이 생기면 어떡해?" "낳으면 되지." 안예은은 지병이 있어 피임약을 못 먹는데 그걸 아는 남친이 그리 말했다. 복장을 제한하고 물건을 집어 던지던 인간들도 생각난다. 그때는 몰랐던 말이지만 돌이켜보니 그게 다 데이트 폭력이었다. 쿨한 여자가 되고 싶었고 그러려고 애를 썼지만 매 순간 그러기는 어렵고 불편했다. 매력이 없는 건 과감하지 못해서라 생각했다.

실은 더 먼 과거부터 잘못되었다. 가정에서는 전혀 문제가 없었다. 어머니가 인형을 사주면 아버지는 비비탄 총을 사주는 어른이었고, 그런 아버지와 육체적인 장난도 많이 했다. 그렇게 아버지와 보냈던 시간을 안예은은 자신의 성격을 형성한 중요한 경험으로 인지하고 있다. 가정에서는 한번도 "여자애가"로 시작하는 말을 들을 일 없이 젠더 균형을 배웠는데, 학교에 들어가면서부터는 남녀문화가 완전히 구분됐다. 여자아이들과 인형놀이 하는 것도 좋았고 남자아이들과 게임하고 총 싸움 하는 것도 좋았으나 선택을 해야 할 것 같았다. 그때부터 생존을 고민했던 것 같다. 남자 같다는 말은 여자아이한테 분명 칭찬이었다. 여성스러운 것이란 약점에 가까우니 당연히 거부해야 할 것이어서 "나는 여자애들이랑 안 맞아" 하는 말도 많이 했다.

메갈리아는 안예은이 그렇게 자신을 부정해왔던 이유를 알려줬다. 남자들은 미디어에서나 현실에서나 늘 멋졌기 때문이다. 남자는 주도적인 역할로 만사를 진두지휘한다. 더 나이가 들어서야 천성이 게으르다는 걸 알았지만, 어린 날에는 그렇게 능동적인 사람이 되고 싶어서 남성성을 익히고 남자를 연기해왔다. 여성 역할 모델이 부재했기 때문이다. 그런 존재들이 뒤늦게 나타났다. 아니 페미니스트가 되고 나니까 보였다. 남자가 수행하던 역할을 여성한테 부여한 성 반전의 영화들, 이를테면 〈고스트버스터즈〉(2016)나 〈히든 피겨스〉(2016)에 열광했다. 〈미스 슬로운〉(2016)도 그랬다. 제시카 차스테인 같은 남자는 영화사를 뒤져보면 열 트럭쯤 나올 것이다. 그러나 야망이 넘쳐 권력을 얻기 위해 수단과 방법을 가리지 않는 여자는 없었거나 보이지 않았다.

메갈리아를 통해 자존감을 찾자 하는 말이 달라졌고 팬덤으로부터 듣는 말도 달라졌다. '메갈 티셔츠' 사건이 있기 전부터 그랬다. 〈K팝스타 5〉에 참여하는 동안 팬카페가 생겼고, 그땐 소속사와 만나기 전이라 발언은 더 자유로웠다. 팬카페 회원들은 트위터에서 몇천 건씩 알티가 이루어지는 안예은의 '메갈리아적' 발언을 그리 달가워하지 않았다. "내가 키웠는데 왜 저러지?" "페미니스트라니 실망이야." "오빠 말 좀 들어." "어려서 저래." "아직 저럴 때야." "남자 팬들은 생각 안 해?" 게시판에선 남자의 입장에서 가르치려 드는 이른바 맨스플레인이 난무했고 트위터 디엠에는 욕이 쏟아졌다. 2016년 5월 17일 이후, 그러니까 2호선 강남역 10번 출구가 눈물과 공포와 분노의 메시지를 가득 실은 애도의 포스트잇으로 도배된 뒤에 일어났던 일이다. 끊이지 않는 팬의 공격에 지친 안예은은 썼다. "저는 오디션 프로그램의 준우승자이기 이전에 한 명의 여성입니다."[8]

페미니즘을 하니까 약자가 보였다

안예은은 매년 한 번씩 심장 정기검진을 받는다. 심방과 심실이 하나뿐인 상태로 태어났고 의사는 이를 선천성 복합 심장기형이라 일러주었다. 어릴 적부터 몸이 약했던 까닭에 늘 어머니는 밖에 나가지 말고 집에서 놀라 했고, 그렇게 해서 만난 것이 피아노였다. 집에선 덜 뛰고 덜 놀라 했을 뿐인데 학교에선 이것도 저것도 못 하게 했다. 어린 안예은의 눈에도 그건 배려가 아니라 차별 같았다. 2017년 안예은은 다음 스토리펀딩을 통해 심장병 어린이 기부 관련 이벤트를 직접 소개한 바 있다. 펀딩을 제안하는 글을 쓰면서 정말 많이 고민했다. 질병이 포르노로 소비될까봐 두려웠다. 심장병을 극복하고 이런 가수가 되었다는 뻔한 희망의 메시지가 되어서는 안 된다고 생각하면서 한 자 한 자 힘들게 썼다.

한편 안예은은 2018년 현재 정신과 상담을 받고 있다. 병원을 찾아가기 전까지는 비슷한 질환으로 고민하는 친

....
8 안예은 트위터 · 인스타그램 | 2016년 5월 22일

구들이 하는 자기검열을 안예은도 했다. "나보다 힘든 사람이 더 많을 텐데 이걸 과연 우울증이라 할 수 있을까? 내가 게으르고 의지가 약해서 그런 것은 아닐까?" 먼저 다녀온 동료 오지은이 아니라 했다. "그건 병원에서 결정해주는 거니까 일단 가 봐요. 문제가 없으면 보내줘요." 그 말에 용기를 얻었다. 그리고 이제는 기회가 있을 때마다 이런 이야기를 더 많이 하고 싶어진다. 페미니즘을 알면 인권에 눈을 뜬다. 여러 분야의 소수자와 약자, 즉 지워지는 존재들을 인지하는 것이다. 조금씩 드러나기 시작해 스스로를 '정병러'라 부르는 정신질환자들 또한 여태까지 그래왔던 존재다.

〈K팝스타 5〉 시절 여기저기서 칭찬이 쏟아졌다. 민망하게도 천재라 말하는 사람들도 있었다. 모든 것이 의심스러웠다. "나는 잘 하는 애가 아닌데 왜 자꾸 안 떨어지는 거지? 왜 사람들이 날 좋아하지? 그냥 싱어 송라이터 캐릭터가 필요해서 올라왔나?" 오디션이 끝난 뒤에는 더 힘들어졌다. 곡을 쓰는 게 즐겁지 않았고, 단독 콘서트를 하면서 자꾸 음 이탈이 나왔고 체력이 바닥을 쳤다. 여러 사람 상대하는 무대보다 혼자 곡을 쓰는 게 자기한테 더 맞는 일이라 생각했지만 어느 순간 피아노 앞에 앉기도 힘들어졌다. 새해를 앞두고 연습실도 얻고 뭐도 배우고 뭐도 더 연습해야지 계획을 잔뜩 세워놨지만 막상 새해가 되자 질문만 많아졌다. "연습하면 늘까? 좋은 게 나올까? 나는 과연 '미스터 미스터리'를 넘어서는 곡을 쓸 수 있을까?"

음악은 어린 날부터 가까이에 있었고 좋아했지만 자신감은 늘 부족했다. 대학 시절 잘 하는 친구들을 볼 때면 내가 왜 여기 있을까 절망했고, 그래서 친구들이 서는 무대를 정면으로 바라보지 못했다. 어쩌면 더 먼 과거에 있었던 중학교 장기자랑이 이유였을까. 그때 안예은은 반 친구들로부터 따돌림을 당했고, 장기자랑 무대에 올라 첫 소절을 노래한 순간 야유가 쏟아졌다. 더는 목소리를 내지 못했고 3분 동안 그냥 서 있다가 내려왔다. 모욕감은 뒷전이고 그때나 지금이나 실수를 떠올리는 날이면 잠을 못 잔다. 어떡하지 어떡하지 하면서 스스로 땅굴을 파고 깊숙하게 들어가서 "난 안 될 거야" "난 왜 태어났지" 한다. 그리 오래 누적된 문제로 마침내 병원을 찾게 되자 그게 우울증 환자들의 전형적인 증세라는 것을 알았다. 의사가 말하기를 화투 칠 때 패가 안 좋으면 그냥 죽을래 하는 사람들이 있다고 했다. 자기 패에 자신이 없어 시동조차 걸지 못하는 사람을 말한다. 안예은이 그랬다.

바로 곡이 나오지는 않았지만 그래도 병원에 드나들기 시작한 뒤 피아노 앞에 앉을 수 있게 되었다. 낙천이라는 것은 원래 없었던 것이라 기대하기 어렵지만, 그래도 전문가와 대화를 나누고 약까지 먹으니까 남자친구가 이제는 덜 예민해진 것 같다고 말하는 단계까지 왔다. 3초 전만 해도 기분 좋았다가 급 돌변하는 안예은을 그동안 많이 힘들어 했을 것이다. 가까운 사람을 생각해서라도 진작 가야 했다.

덕질하다보니 노래가 나왔다

1992년생 안예은은 초등학교 때 인터넷을 접했다. 2000년대 초반 디시 인사이드를 비롯해 만화가 김풍이 당시 운영했던 웹사이트 '고구마 언덕'부터 드나들었다. 안예은은 자신이 '덕후' 기질이 다분하다는 것을 진작 알았다. 첫 '덕질'의 대상은 MBC 드라마 〈대장금〉(2003)에서 민상궁 역을 맡았던 배우 김소이였는데, 팬 카페에 드나들다가 초등학교 5학년 때 처음으로 홍대인가 대학로인가에서 열렸던 오프라인 모임에 나갔다. 소규모 모임이라 "배우님"까지 왔고, 모임 구성원 가운데 안예은이 가장 어렸다. 같이 학교 다니는 친구들한테는 말한 적 없었던 비밀이다. 최초의 오프 친구들은 각별한 기억을 남겼다. 열두 살 겨울 심장 수술이 있었고 그때 카페 회원들이 헌혈증을 주고 갔다. 이제 와서 이런 얘길 하게 될 줄 몰랐다. 수혈에 대한 고마운 마음이야 개인적인 감정일 뿐 '흑역사'라 생각해 공식적으로 말한 적 없었던 과거들이다.

그밖에도 관심사는 많았다. 시간이 좀 더 흐른 뒤에는 코스프레에 빠졌고 정모에 나갔다. 만화 〈데스노트〉 분장도 해봤다. 아이돌 덕질도 꽤 했다. 일련의 사건으로 마음이 식은지 한참이라 이제는 말하기도 창피하지만 한때는 미키유천을 좋아했다. 그때는 또래 90% 이상이 동방신기를 좋아하던 시절이라 어쩔 수 없었다. 팬 페이지를 자주 드나들었고 친구들과 주로 버디버디로 소통했으며 그리다 싸이월드로 넘어왔다. 시간이 흘러 대학생이 되자 스마트폰을 쥐었고 트위터에 입성했다. 덕후들의 온라인 활동이 오프라인 모임으로 이어진다는 점에서 인터넷 시절과 노는 방식이 크게 다르지 않았지만, 트위터 사용자 특유의 빠르고 잦으며 사소하기까지 한 소통 덕분에 좀 더 밀착된 관계가 만들어졌다. 어느 트위터 사람이 말하기를 6개월 만에 만난 친구한테는 밀린 6개월 얘기를 어디서부터 시작해야 할까 고민하는데, '실친'과 달리 '트친'은 만나자마자 "이게 어제 샀다는 그 지갑이에요?" 하고 묻는다. 최신 개인 정보를 실친보다 트친이 더 많이 알고 있다. 모두가 하루종일 트위터에 붙어 있으니까.

한때 몰입했던 트위터 활동은 영화 〈킹스맨〉(2014) 오프 모임이다. 안예은이 특히 열광했던 작품 속 캐릭터는 태런 에저튼이 연기한 비밀요원 에그시로, 사진을 찾아다니고 영상을 캡처해 '움짤'을 만들고 2차 창작까지 하고 읽는 등 트친과 신나게 에그시를 파면서도 한편으로는 늘 그래왔던 것처럼 상상의 나래를 폈다. 만약 옆집에 에그시 같은 첩보원이 산다면 어떨까. 상상에 살이 붙자 노래가 되었다. "깔끔한 양복에서는/ 항상 화약 냄새가 나/ 아니면 다른 어디로 떠나나/ 상처투성이 손가락/ 광을 낸 까만 구두/ 가슴 설레이는 미소/ 퍼즐을 맞춰보자." 〈K팝스타 5〉 시절 열 명의 생존자들 사이에서 공개했던 노래 '미스터 미스터리'다. 그런 노래는 많다. 그보다 앞서 화제되었던 '홍연'은 연산군과 광대 공길로부터 아이디어를 얻었던 노래다. 이미 안예은은 오디션 시절 자작곡으로 차별화를 이룬 도전자였다. 안예은의 자작곡에는 늘 사랑과 이별에 관한 명확한 이야기가 있었고, 그 이야기는 때때로 사극에서 출발했다고 말해 심사위원과 시청자에게 또렷한 인상을 남겨 남다른 이야기꾼으로 자리를 잡을 수 있었다. 여전히 안예은은 서사에 관심이 많다. 〈역적〉에 출연했던 신은정 배우를 따라 〈킬미나우〉를 본 뒤로는 뮤지컬에 사로잡혔다.

이야기가 잘 전달되려면 표현이 좋아야 한다. 안예은은 다행히 잘 실어 날랐다. 안예은의 노래는 꽤 안정적이다.

특히 저음이 두드러지는 보컬리스트다. 피아노는 어릴 적부터 쳤고 대학에서는 더 많이 했다. 안예은이 마지막까지 살아남을 수 있었던 비결은 손색없는 노래와 연주라는 오디션의 기본 소양 말고도 꽤 많이 비축해뒀던 자작곡에 있었고, 덕분에 거의 모든 무대를 직접 쓴 노래로 마칠 수 있었다. 안예은 스스로도 좀 더 깊은 관심사와 자질은 무대 활동이 아닌 곡 작업에 있다 생각하고, 앞으로 보다 강화해 언젠가는 영상 음악 분야로 깊숙하게 파고들고 싶다. 안예은은 자기가 예비 아이돌만한 끼가 없다는 걸 안다. 오디션 초기 시절 우예린과 함께 아이유의 '분홍신'을 편곡해 부르는 것으로 주목받았던 때부터 그랬다. 건반 위주로 편곡을 짜기도 했지만 3분 내내 카메라가 아닌 건반만 바라보면서 무대를 마쳤다. 그게 더 쉬웠고 자연스러웠다.

마지막 오디션이라 생각했는데

2014년 2월 동아방송예술대학교 영상음악계열 싱어송라이터과를 졸업한 안예은은 대학 재학 시절 지금은 없어진 홍대 라이브 바 라디오 키친에서 일했다. 처음에는 서빙 아르바이트로 시작했다가 어느 순간 무대에서 오르게 되었는데, 그때 '홍연'과 'Stick-er' 등 〈K팝스타 5〉에서 선보였던 노래들을 하나하나 불러왔다. 막 신나는 노래가 아니고 색깔도 명확했던 까닭에 안예은의 공연은 손님 많지 않은 시간에 배정됐다. 더 많은 사람들과 소통해야지 싶어 〈겨울왕국〉 메들리, 엑소의 '중독', 이문세의 '빗속에서' 같은 카피곡을 해봤더니 썩 괜찮은 반응이 돌아왔고, 그러다 고정으로 노래하게 되었다. 평일 고정에서 주말 고정이 되었고, 2주에 한 번 하던 고정이 매주 고정으로 전환됐다. 그렇게 차곡차곡 경험을 쌓다가 가장 붐비는 시간에 무대를 얻은 건 지금까지도 자랑할 만한 기억이다.

아르바이트를 하면서 계속 오디션을 준비했다. 사실 그 전부터 기웃거렸다. 고등학교 2학년 때 〈슈퍼스타K 2〉에 나갔다. "당연히" 붙을 거라 생각했고 "당연히" 떨어졌다. 대학 다닐 때도 〈슈퍼스타K〉에 또 나갔고 〈더보이스〉에 도전하기도 했다. 이제는 기억이 희미하지만 〈슈퍼스타K 5〉인가 〈슈퍼스타K 6〉인가에서는 1라운드까지 갔다. 〈위대한 탄생〉도 지원했고, 밴드 사이에서 경쟁해야 하는 〈헬로루키〉의 문을 두드리기도 했다. 그렇게 많이 했더니 나중에는 프로그램을 준비하던 방송작가들이 알아서 연락을 줬다. 너무 많은 기대와 욕심 때문에 다 떨어졌다는 걸 인정하면서, 마지막이라 생각하고 〈K팝스타 5〉에 나갔다. 마음을 비워서 그랬을까. 그때부터 풀렸다. 왜 계속 붙어 있는지 잘 모르 겠는데 계속 붙어 있었고, 붙여주니까 열심히 했다. 첫 무대, 그러니까 1라운드부터 이상했다. 당연히 심사위원들로부터 탈락을 뜻하는 X가 쏟아지겠거니 했고 그 일은 실제로 일어 났지만 유희열로부터 특별회생권 '와일드 카드'를 받아 살아 남았다. 여기까지 왔으니까 떨어져도 된다고 생각했고 매번 무대에 오를 때마다 오늘은 집에 가겠지 했다. 그러다 준결 승까지 가는 바람에 안예은은 〈K팝스타 5〉의 모든 무대에 있다.

막판에 경쟁자가 줄자 마음이 더 가벼워졌다. 아무리 세어 봐도 "쟤는 붙을 거고 쟤도 붙을 거다" 싶었고, 자리 욕심을 버리니까 속이 편했다. 숱한 라운드 끝에 마침내 생 방송 무대에 올랐을 때마저도 이만하면 됐다, 계속 서 있으 려니 다리 아프다, 그러니까 빨리 끝났으면 좋겠다 싶었다. 긴장했던 때가 있긴 했다. '경우의 수'를 준비했을 때 유희열 로부터 칭찬을 받자 정말로 좋은 노래인가 싶어 떨렸다. 〈킹 스맨〉 덕질 끝에 만들었던 '미스터 미스터리'를 준비하면서 도 좀 떨었다. 여러 가지 후보곡 가운데 제작진과 상의해 자 신이 직접 고른 곡이었고, 반대 의견이 많았지만 알아서 하 겠다 했다. 그렇게 큰소리쳤는데 원하는 무대가 안 나올까봐 걱정했다. 프로그램을 2위로 마감한 뒤에는 우승에 대한 미련 없느냐는 질문이 쏟아졌고, 그럴 때마다 안예은은 기대가 없었기 때문에 여기까지 온 게 그저 신기할 뿐이라는 답을 돌려줬다. 혼자 건반 하면서 노래하는 게 다였는데 밴드를 업고 무대에 설 수 있었던 경험만으로 충분히 만족한다고 말하기도 했다.

방송이 끝난 뒤 음악하는 친구가 다리를 놔준 덕분에 팬더웨일 컴퍼니와 계약했다. 회사는 일단 안예은의 음악을 존중했다. 하겠다는 것 말리지 않고 나아가 지원까지 해준 덕분에 막연하게 꿈꾸던 클래식 편곡까지 입혀서 데뷔 앨범을 완성할 수 있었다. 사생활도 비교적 자유롭다. 〈K팝스타〉를 장악하고 있는 대형 엔터테인먼트 소속 가수가 되었다면 일단 트위터부터 접으라 했을 것이다. 그러다 사고를 치는 바람에 혼란을 겪었지만, 시간이 흐른 뒤 다 내려놓고 트위터를 안예은의 정체성으로 받아들인 회사의 고민은 따로 있다. 트위터에서나 통하는 '아무 말'의 매력과 위력을 아직도 회사는 모른다. 그래서 안예은한테 묻는다. "도대체 네가 쓴 거, 그게 뭐라고 만구천까지 알티되는 거야? 그런데 공연 소식은 왜 그렇게 알티가 안 돼?"

사실 악보 볼 줄 몰라요

여섯 살에 피아노 앞에 앉았다. 다른 친구들처럼 바이엘에서 시작해 체르니까지 갔지만 40번에 이르자 지루해졌다. 한참 내려놨다가 중학교 때 다시 피아노 앞에 앉게 되는데, 마침 시험 기간에 자유악기라는 과제가 주어졌다. 아무 악기나 준비해 평가받는 것이다. 그때 피아노를 준비한 안예은은 음악과목 전교 1등 기록을 세웠다. 이를 계기로 자신감을 얻고 부모로부터 신뢰까지 얻어 음악을 진로로 결정하게 되는데, 처음에는 일반고에 진학해 입시를 준비하다가 3학년이 되었을 때 실용음악학과 과정이 있는 직업학교 아현정보산업고로 갔다. 월요일이면 본교 문정고등학교에 나갔고 다른 날엔 아현으로 갔다. 또래들과 달리 고3 스트레스는 없었다. 학교와 집은 꽤 멀었지만 지각 한 번 안 했다. 아쉬움 없이 음악에만 몰입할 수 있었던 그때가 가장 행복했던 시절이었다.

중학교 때 피아노와 재회하긴 했지만 악보 보는 방법을 까먹은 상태로 만났다. 처음엔 계이름을 다 적어놓고 했다. 그런데 금방 외웠다. 청음도 잘 돼서 들리는 대로 잘 쳤다. 그때부터 만났던 악보는 복잡한 콩나물의 나열이 아니라 코드 위주였던 까닭에 여전히 악보 인식이 매우 느린 편이다. 클래식은 이러면 안 된다고 들었다. 악보는 역사이자 미학이고 이를 잘 따르는 일로부터 흥미와 재능을 느끼는 사람이 클래식을 선택하는 것이지만, 안예은은 그때부터 '엘리제를 위하여'를 혼자 4분의 4박으로 쳤다. 자유로운 연주를 보장하는 재즈 피아노에 눈을 뜨면서 편곡 비슷한 것을 했다는 것인데, 마법 같은 일이 아니었을까를 묻자 그냥 그렇게 칠 수밖에 없었던 것 같다고 안예은은 말했다. 고등학교에 진학한 뒤에는 여러 실용음악학과 내 여러 과정 가운데 작곡을 하겠다고 가족과 상의했다. 인터뷰할 때면 안예은 음악의 기원을 찾는 질문이 많아 왜 그때 작곡한다 했지 생각해보고 어머니한테도 물어봤는데 둘 다 기억을 잘 못한다. 어쨌든 동기가 기억나지 않는 그 일로 어머니는 기뻐했다. 어릴 적부터 몸이 허약해 이래저래 걱정이 많았는데 마침내 확실한 진로가 정해졌다고 생각해 지원을 아끼지 않았다.

고교 시절 대학입시를 준비하고자 드나들었던 입시학원에서는 어깨 쓰는 방법을 배웠다. 안예은의 손은 무척 작고 귀엽다. 그러나 피아니스트에게 이런 신체적 조건은 불행히도 약점이 된다. 다른 친구들에 비해 악력이 떨어져 어깨까지 다 써서 강하게 때려야 했고, 그렇게 연습한 덕분에 지금은 손이 훨씬 큰 친구들보다 세게 칠 줄 안다. 그밖에 화성학을 집중적으로 공부했고, 시험에 나오는 각종 패턴을 익혔다. 잘 따라가긴 했지만 사실 안예은은 학원 선생님들에게 약간 골칫거리였다. 그때부터 안예은의 음악은 좀 셌다. 음악으로 대학을 가려면 대학의 성향을 알고 따라야 한다. 대중음악의 표준을 소화해야 한다는 것이다. 발라드를 좋아하는 학교, 연주곡이 필요한 학교, 펑키를 높이 사는 학교가 있다. 안예은은 어디에도 속하지 않았다. 선생님들은 말했다. "너를 마음에 두는 교수가 있으면 갈 수 있겠지만 그럴 가능성은 낮아. 백프로 새수야." 새수는 안 했다. 안 해도 될 만큼 많은 것이 이미 쌓여 있었다. 지금 하는 음악과 그때 음악의 뼈대가 크게 다르진 않지만 차이가 있다면 그때보다 많이 다듬어졌다는 것인데, 그건 입시 시절부터 학교에서 쌓았던 경험 덕분이라 안예은은 생각한다.

팬이면 그래도 되는 걸까

돌이켜보니 어린 날부터 여자 음악을 좋아했다. 그렇게 되고 싶어서 본능적으로 이끌렸던 것 같다. 초등학교 시절 자우림을 가장 좋아했고 체리필터, 러브홀릭, 데이라이트 같은 밴드를 많이 들었다. 어린 안예은의 눈에 무대 한가운데서 노래하는 여자가 그렇게 멋져 보였다. 그렇게 노래하고 싶었지만 그만큼 못한다는 걸 알고 피아노로 간 것인데, 앞에 서고 싶은 욕심은 피아노를 잡은 뒤에도 계속됐고 그래서 원곡을 원하는 방식대로 바꿔야 성에 찼다. 중학교 3학년 내내 자우림만 듣다가 고등학교 올라간 뒤에는 일본 음악에 눈 떴고 특히 시이나 링고한테 꽂혔다. 대학에 와서는 영국 밴드 음악을 들었고, 그러다 라나 델 레이나 레이디 가가 같은 여성 솔로를 한참 팠다.

안예은은 결국 그런 여성이 되었다. 아직 음악으로 쌓은 경험이 충분하지 않기 때문에 신생아라 생각하는 만큼 다른 여성의 우상이 될 수 있을지 잘 모르겠지만, 노래 이전에 "머리 길러야 더 예쁠 텐데?" "흑발로 바꾸는 건 어때?" 같은 외모 평가가 따르는 여성 가수가 된 것은 확실하다. 안예은은 어린날부터 지금까지 아토피로 고생하고 있는데, 그래서 팔에 흉터가 많다. 반팔을 입으면 다 드러난다. 방송을 준비하면서 그걸 메이크업으로 가릴 때마다 복잡한 감정에 사로잡히곤 했다. 흉터 연고 광고만 봐도 그게 필요한 대상을 늘 여성으로 한정한다. 흉터가 다 드러난 사진이 공개됐을 때 정말로 화가 났다. "자신을 좀 더 소중히 하세요." 자해의 흔적으로 알고 누군가 남긴 말이다. 자해 상처는 아니다. 그래도 그런 말을 하면 안 된다. 흉터는 다른 곳에도 있다. 심장 부근에 남은 수술 자국이다. 그걸 드러냈을 때는 눈물 날 만큼 반가운 반응이 돌아왔다. "언니 덕에 오늘 파인 옷 샀어요." 안예은은 앞으로도 계속해서 상처를 드러낼 것이다.

한편 안예은은 〈K팝스타 5〉의 친구 우예린의 인스타그램을 보면 자주 화가 난다. 우예린 친구 하나가 담배 케이스를 만든다. 홍보를 부탁하기에 우예린은 그걸 인스타그램에 올렸다. 혹시나 있을 논란까지 다 대비한 포스트였다. "친구가 만들었어요. 예쁘죠? 저는 사탕 넣어가지고 다녀요." 그리고 예상했던 댓글이 주렁주렁 달렸다. "혹시 담배 피우세요?" "예쁜 목소리 망가뜨리지 마세요." 민소매 옷을 입고 사진을 올렸을 때는 "옷 좀 입고 다니세요" 하는 불필요한 조언이 따라왔다. 안예은은 힘을 보태고 싶었지만 감정을 다 드러낼 수는 없어 댓글의 흐름을 바꾸는 말만 남기고 왔다. "예린아 케이스 너무 예쁘다." "민소매 진짜 잘 어울린다." 왜 여자는 내가 담배를 피우는지 마는지를 일일이 설명하고 해명해야 하는 것일까. 왜 여성 동료들은 그게 문제라는 걸 알면서도 제대로 공격하지 못하고 돌려 말하는 것에 머물러야 하는 것일까. 남자는 아무도 의식하지 않고 저렇게 아무 말이나 쏟아내는데.

우예린과 달리 안예은은 SNS를 통해 페미니즘 발언

을 많이 했다. 그리고 우예린과 달리 짧은 머리에 짙고 센 화장을 즐긴다. 그렇기 때문에 여성 팬이 훨씬 많다. 전에도 그랬지만 메갈 인증이 있고 나서부터는 더욱 남자들이 말을 잘 안 건다. 그러니까 더 화가 난다. 고분고분하지 않다는 이미지가 구축되어야만 안 건드리거나 덜 건드린다. 여리여리하고 소녀스러우면서 이름을 얻은 여성은 팬이라는 명분으로 언제든 통제하고 휘두를 수 있는 대상이 되고, 그래서 무례하게 말하고 무례하게 장난을 건다. 불편을 드러내도 속이 터진다. "불편하니? 내가 실수한 거 있니?" 하고 태연하게 묻는 것도 화가 난다. 그게 다 여혐이라 하면 "내가 이렇게 여자를 좋아하는데 내가 어떻게 여혐을 해?" 하고 자신을 조금도 돌아보지 않는 남자도 천지다.

트페미의 고민

안예은은 1992년생으로 책에 등장하는 음악가 가운데 가장 나이가 적다. 안예은은 트위터를 통해 메갈리아를 발견한 뒤 페미니즘을 알았고, 트위터에서 추천되고 회자되는 페미니즘 책들을 입문용부터 탐독하기 시작했으며, 역시 트위터를 통해 보다 확산되는 소셜 크라우드 펀딩을 통해 각종 페미니즘 굿즈를 잔뜩 후원했다. 들고 다니는 에코백엔 구멍이 많은데 후원했던 여러 페미니스트 뱃지가 가방을 뚫고 지나간 흔적이다. 그리고 트위터를 통해 페미니스트로 의견을 드러냈다가 논란의 한가운데 섰다. 나는 이런 여성을 많이 봤다. 트위터에 가면 딱 보이는 동시대 젊은 페미니스트의 전형이다. 안예은과 다른 것이 있다면 그들 대다수가 익명이라는 것인데, 하여간 이런 사람들을 보통 '트페미' 혹은 '넷페미'라 부른다. 혹은 '메갈리아 세대'라 부를 수도 있다. 그러나 다시 한 번 점검이 필요한 말이다. "그렇게 써도 괜찮을까요?" "저는 괜찮은데 회사가 좀 걸려요. 작은 위딩에 대해서도 걱정할 수 있으니까요. 아시다시피 사고를 하나 크게 쳐서."

트페미가 겪는 혼란의 과정 또한 안예은의 것이다. 2015년 초 트위터에서 이루어진 '#나는페미니스트입니다' 해시태그 운동과 그해 여름 메갈리아의 등장, 2016년 강남역 여성혐오 살인사건을 계기로 트위터 페미니즘이 폭발하자 수없이 많은 의견이 나왔고 또 갈렸다. 안예은도 처음에 많이 휘둘렸다. 트위터에서 돌고 도는 모든 페미니스트의 의견이 다 맞는 줄 알았다. 여기 갇혀 있다보니 트위터가 온실처럼 느껴질 때도 있었다. 트위터 페미니즘을 두고 '찻잔 속 태풍'이라 표현하기도 하는데, 트위터와 현실은 결국 다르기 때문이다. 그렇게 차차 한계도 알게 됐고 변화도 맞았다. 트위터에서 보낸 시간이 쌓이고 페미니즘 책이 하나하나 쌓여가자 거리를 둬야 할 불편한 페미니스트를 인지하기 시작했다. 어떤 화두 앞에서는 피하고 싶어졌다. 페미니스트라 해서 모든 페미니즘 이슈에 입장을 즉각 정리할 필요는 없었다. 아직 논의에 참여할 자신이 없고 확신이 없다면 천천히 생각한 뒤에 나중에 따라가도 된다. 그러면서 우리는 배우고 또 말한다. 그리고 더 크게 말한다.

돌이켜보면 안예은은 페미니스트가 될 수밖에 없었다. 페미니즘이 뭔지는 잘 몰랐어도 거기 뛰어들 만한 확실한 유전자가 있다. 안예은은 잠깐 운전 얘기를 꺼냈다. 아직 면허가 없는데 영영 운전하지 않는 것이 안전하다는 결론을 아버지와 함께 내렸다. 이런 상태에서 운전대를 잡으면 일단 스스로가 미숙한 데다 그걸 못 참고 싸우자고 달려오는 사람들과 부딪히게 될 것이 분명한데, 아버지를 닮은 안예은은 욱하는 성질 때문에 굉장히 높은 확률로 그냥 못 보낸다. 운전에 능숙하지는 않아도 싸움은 잘한다. 트위터에서 각종 문화계 성폭력이 하나둘씩 폭로되기 시작해 인디음악계 또한 거기 동참했을 때도 그랬다. 소속사 동료이자 선배가 그 일의 무용함을 말했다. 안 그래도 어려운데 이러니까 더 어렵고 발전이 없는 것이라 했다. 누가 봐도 잘못된 글을 올렸는데 어떡하지, 문제를 지적하면 회사에 끼칠 여파가 분명 있는데 어떡하지 하면서도 안예은은 무언가 쓰고 있었다.

그런 안예은을 가장 걱정하는 사람은 회사 관계자 이전에 가족이다. 어머니는 매번 너는 공격받기 너무 쉬운 위치에 있다고 말한다. 솔직하게 말한다 해서 들어줄 사람이 지금은 없지만, 시간이 흘러 신뢰와 힘을 얻는다면 그때 다른 사람을 도울 수 있을 테니까 일단 지금은 조심하라 한다. 노래를 영영 못 하게 되는 순간을 염려하는 것이다. 안예은은 어머니의 이야기를 흘려듣기 어렵다. 입지를 스스로 규정한다는 것은 조금 쑥스럽지만 어쨌든 일반인과 비일반인 경계에 있는 것은 사실이고, 뭘 말했다가 혼자 욕먹는 것까지는 괜찮지만 때때로 자신의 발언이 다른 사람을 아프게 할 수 있다는 것을 이제는 너무나도 잘 안다. 시간이 더 흘러서 더 필요하고 중요한 말을 그때 더 많이 해도 늦지 않다. 사실 이 인터뷰와 이 책부터가 상당한 고민이다. 하고 싶은 말이 많고 그런 말들의 필요성도 알지만 당장은 두려움이 더 크다. 그런데 말하고 싶다.

늘 불안과 싸우지만 그래도 확실한 미래 계획이 있다. 일단 페미니스트로 정체화한 이상 여성 인권 공부를 더 많이 하는 것이고, 그렇게 공부해 표현이 정제된다면 노래에 싣는 것이다. 최근 몇 년 사이 계속해서 끓고 있는 이 목소리를 푸는 가장 이상적인 방법이다. 동시에 가장 어려운 방법이라는 것을 안예은은 알고 있다. 대표곡 'Stick-er'의 제목은 원래 '스토커'였다. 박찬욱 영화 〈스토커〉(2013) 속 스토커 매튜의 이야기로부터 출발한 2차 창작물이다. 방송을 앞두고 심의 기준을 따라 노래의 가사를 수정했고 제목도 바꿨다. 페미니즘을 모를 때라 '너를 뒤따라가서 그동안 어디 있었느냐 속삭이고 네 목을 조를 것'이라 썼지만, 페미니즘을 알고 스토킹과 데이트 폭력의 피해자를 알게 된 뒤로는 부를 수 없는 노래가 되었다. 고려해야 할 것이 계속해서 늘고 있지만 안예은은 자유가 작품을 보장하지 않는다는 것을 알고 있다. 통제에 대한 고민 사이에서 더 나은 결과가 나온다. 창작자가 평생 안고 살아야 할 즐거운 고통이다.

안예은의
페미니즘 교과서

82년생 김지영

조남주 | 민음사

"남자들은 이어폰을 낀 채로 빗길을 걷고 택시에서 잔다. 그런 삶이
있다는 것을 전에는 몰랐다. 페미니즘을 알기 전까지 모두가 다 똑같
은 세상에서 사는 줄 알았다. 김지영은 수없이 많은 차별과 성폭력을
경험하면서 성장해왔던 우리의 표본이라 생각한다. 공감 말고도 얻
은 것이 많다. 페미니즘을 알면 퀴어 인권과 아동 인권에도 함께 눈을
뜬다. 나도 한때는 어떤 여성들을 '맘충'이라 불렀다. 이제는 시끄러운
아이를 볼 때마다 아이 아빠를 찾는다. 그런데 늘 없다."

여성혐오를 혐오한다

우에노 지즈코 | 나일등 옮김 | 은행나무

"트위터 추천을 따라 페미니즘 기초 서적부터 읽기 시작했다. 우에노
지즈코의 〈여성혐오를 혐오한다〉를 가장 먼저 읽었고, 이어서 치마만
다 응고지 아디치에의 〈우리는 모두 페미니스트가 되어야 합니다〉를
거쳐 록산 게이의 〈나쁜 페미니스트〉로 넘어갔다. 여기까지가 기초
과정이라 생각한다. 이어서 만난 책은 리베카 솔닛의 〈남자들은 자꾸
나를 가르치려 든다〉였다."

전쟁은 여자의 얼굴을 하지 않았다

스베틀라나 알렉시예비치 | 박은정 옮김 | 문학동네

"남자들은 끔찍한 일들을 무용담처럼 소비하는데, 여성의 입에서 나온 끔찍한 과거란 전쟁이기도 했지만 일상이기도 했다. 더 많은 할머니들의 인생 이야기가 필요하다고 느낀다."

이갈리아의 딸들

게르드 브란튼베르그 | 히스테리아 옮김 | 황금가지

"그냥 너무 재미있었다. 남성과 여성의 역할을 아예 다 뒤집은 것이다. 그런데 한편으로는 답답했다. 이런 책이 필요하다는 것이."

히든 피겨스(2016)

데오도르 멜피 연출 | 타라지 P. 헨슨, 옥타비아 스펜서, 자넬 모네 출연

"원작이 있는 영화는 일단 책부터 본다. 〈그레이스〉도 그랬고 〈핑거스미스〉도 그랬다. 여성 주인공이 나오는 영화와 책이 더 많이 필요하다."

고스트버스터즈(2016)

폴 페이그 연출 | 멜리사 맥카시, 크리스틴 위그, 케이트 맥키넌 출연

"이전까지는 이상한 줄도 몰랐지만 이제는 이야기가 묘사하는 잘못된 성 역할이 보인다. 여자들이 주도적인 역할을 하는 이야기를 볼 때면 신이 난다."

블랙팬서(2018)

라이언 쿠글러 연출 | 채드윅 보스만 출연

"블랙팬서 동생 슈리라는 캐릭터에 사로잡혔다. 컴퓨터 조작에 능한 너드 캐릭터는 금녀의 영역이었는데 슈리가 그걸 깼다."

부암동 복수자들(2017)

권석장, 김상호, 이상엽 연출 | 이요원, 라미란, 명세빈 출연

"여자 셋이 뭘 한다는 게 일단 신났다."

미스티(2018)

모완일 연출 | 김남주 출연

"정치적으로 올바르지 않은 부분들이 적잖이 눈에 띄는 작품이지만, 김남주가 연기하는 고혜란이라는 뉴스 앵커 캐릭터가 정말로 마음에 든다. '무대뽀'에 가깝다. 실수도 하고 밀리기도 하지만 원하는 미래를 얻기 위해 수단과 방법을 가리지 않는다. 큰일은 여자가 한다는 것을 형상화한 작품이라 생각한다. 그런 여성은 더 많이 필요하다."

"왜 나만
미안한 걸까"

연리목 엄마가 된 음악가

1982년생. 눈뜨고코베인의 키보디스트로 무대 활동을 시작해 데뷔 EP 〈파는 물건〉(2003)을 발표했다. 밴드 활동을 지속하면서 연극음악, 무용음악, 영화음악, 크로스오버, 음악극 등 장르의 지평을 넓혀 활동하고 있다. 배우자 이정훈, 두 아이 어진과 로이와 함께 강화도에 산다.

facebook.com/yonrimusic
umdalda.com

만남을 앞두고 양해를 구하는 문자를 받았다. 새 학기 시즌이라 첫째 어진이한테 어린이집 일정이 하나 생겼다 했다. 날짜를 조정해 만난 뒤에는 둘째 로이의 최신 소식을 들려줬다. 이틀 전에 돌잔치를 마쳤다 했다. 말이 좀 풀렸을 때는 '거지존'을 아느냐 물었다. 몰라서 찾아보니 일반적으로 앞머리를 기르기로 마음먹은 사람이 견뎌야 하는 못마땅한 자기 머리 모양새를 뜻하는 말이다. 출산을 경험한 여성 사이에서 통하는 거지존은 의미가 조금 다르다. 사라진 머리카락을 기다리는 기간이다. 임신 기간 동안 호르몬의 변화로 일시적으로 머리숱이 풍성해졌다가 출산을 마치고 몇 달이 지나면 급격한 탈모가 진행된다. 그리고 서서히 잔디처럼 다시 머리카락이 솟아난다. 연리목도 새로 자란 머리가 제대로 자리잡힐 때까지 반 년 이상 거울 앞에서 자신감을 잃었다. 우리는 2018년 1월 초 인터뷰를 논의했으나 두 달 뒤에 만

났다. 그렇게 시간을 둔 데엔 여러 가지 이유가 있지만 촬영
이 따르는 만큼 거지존도 신경 쓰였다고 했다.

로이와 〈침묵〉 사이에서

2017년 연리목은 정지우가 연출하고 최민식과 박신
혜가 주연한 영화 〈침묵〉(2017)의 사운드트랙 작업을 마쳤
나. 연리목과 정지우는 영화 〈은교〉(2012)로 만난 사이다.
2016년 2월 정지우가 다시 연리목을 찾아 음악감독 역할을
제안했을 때 연리목은 둘째 임신 계획부터 먼저 말했다. 5월
에 임신해 이듬해 2월에 낳을 예정인데 그럴 경우 출산이 끝
나고 3개월은 작업이 어려우니 양해해줄 수 있겠느냐 했다.
연리목은 크게 기대하지 않았다. 일정상 2017년 3월에서 5월
은 음악 작업이 진행돼야 하는 시기였고, 수십 억대 투자금
이 따르는 상업영화가 스태프 한 명의 산후조리를 기다려준
다는 얘기는 들어본 적이 없었다. 기다리겠다는 의외의 답
이 돌아왔고 연리목은 계획한 시기에 임신과 출산에 성공했
다. 그러나 출산 이후 이루어진 상황은 그리 순조롭지 못했
다. 복귀에 대한 압박이 모유 수유에 영향을 미쳐 생각보다
빨리 단유됐다. 작업은 지체될 수 없었다. 4월 중순부터 일

에 돌입하면서 연리목은 베이비시터를 구했다.

연리목이 작업하는 동안 신생아 로이 육아를 담당한 친구는 당시 스물여섯 살이었던 남자 후배 송기영이다. 연리목과 나이 차이가 좀 있지만 오랜 시간 친구로 지내왔던 관계로, 연리목이 운영하는 음악극단 '음악당 달다'의 음향감독이기도 하다. 시간은 있으되 육아 한 번도 해본 적 없는 남자한테 뭘 믿고 맡기느냐 송기영은 물었지만 연리목의 안목은 틀리지 않았다. 연리목은 송기영에게 엄선한 육아 서적 세 권을 건넸고, 책에 나온 그대로 해달라 부탁했다. 송기영은 연리목 집에 8주 동안 주 5일씩 머무르면서 책의 지침을 잘 따랐고, 덕분에 로이는 일정한 생활 패턴을 유지하고 밤이면 열두 시간 이상 깨지 않고 자는 아기가 되었다. 아기는 지금도 그렇게 자고 그는 지금도 가끔 연리목 집을 찾아와 아이들을 봐준다.

연리목은 어떻게 이십대 중후반 경험 없는 남자에게 갓난아이를 맡길 수 있었을까. 첫째 어진이를 경험했던 입장에서 육아는, 특히 신생아 육아는 남자에게 보다 적합한 노동이라 연리목은 생각했다. 육아는 육체를 많이 쓰는 일이다. 연리목의 여동생은 출산 뒤 한동안 손 근육에 염증이 생겨 고생했다. 하루에도 수십 번씩 아이를 들었다 났다 하면서 무리가 와서 그랬다. 출산이 끝나면 손뿐 아니라 몸 전체가 전과 같지 않다. 출산은 골반 관절이 열리는 일이고, 그와 동시에 신체의 모든 관절이 같이 열리는 일이다. 헐거워진 관절이 전과 비슷하게 돌아오려면 1년은 기다려야 한다. 혹은 그 이상이 걸리기도 한다. 몸의 회복에 주력해야 할 산후조리 기간에는 냉장고 문도 열지 말라 하는데, 연리목은 작업도 해야 하고 연주도 해야 하는 사람이라 어떻게든 몸을 아끼고 특히 손목을 보호해야 한다. 그러나 몸을 지키려 애를 쓸수록 정신이 마모된다. 배우자한테도 미안하고 아기를 맡긴 친구한테도 미안하니까.

〈침묵〉의 음악을 작업하는 동안 처음이 가장 어려웠다. 좀처럼 진도가 나가지 않았다. 베이비시터가 아기를 봐주고 배우자가 집안일과 첫째를 맡아주었으니 일할 만한 환경이 갖춰졌다 생각했지만 제대로 집중하지 못했다. 집에 딸린 작업실에서 일하는 동안 아기 울음소리가 나면 엉덩이가 들썩거렸다. 세 시간마다 모유를 유축해가면서 작업했던 까닭에 집중할 만하면 젖을 짜야 하는 시간이 돌아왔다. 연리목은 현재 강화도 전원주택에 사는데, 결국 작업 중반부터 서울에 공간을 얻었고 한 번 가면 2박 3일씩 지내다 왔다. 집과 가족으로부터 물리적으로 정신적으로 멀리 거리를 두고 나서야 일에 몰두할 수 있었다.

베이비시터와 약속한 기간이 끝나자 시어머니가 몇

주 집에 머물며 육아와 집안일을 도왔다. 배우자 이정훈도 바쁘게 일했다. 시골집에서 해야 하는 일은 끝이 없다. 아이도 돌봐야 했다. 연리목은 〈침묵〉의 음악을 만드는 동안 주양육자가 아닌 부양육자로 몇 개월을 보냈다. 고맙고 미안해서 죄책감까지 따르던 나날이었다. 함께 사는 이정훈은 확실히 훌륭한 배우자가 맞다. 그러나 연리목은 가끔 의문스럽다. 자신이 남자였다면 이렇게까지 미안했을까.

그림 같은 집에서

연리목은 트러스트 무용단의 〈.SYS – 선택되지 않은 시간〉(2010)에 음악감독으로 참여하면서 이정훈을 만났다. 몽골 전통 악기 마두금을 연주할 사람이 필요한 작품이었는데, 마침 싱어 송라이터 이장혁의 동생이 몽골 악기로 홍대 지하차도에서 버스킹을 한다는 말을 들은 기억이 났다. 그렇게 해서 한음파의 멤버이자 마두금 연주자로 활동하는 이정훈과 연결되었고, 음악감독과 연주자로 함께 작업하던 둘은 2012년 9월 결혼했다. 연리목과 이정훈은 각각 개인 작업도 하지만 2012년 부부가 음악극단 음악당 달다를 결성한 뒤부터는 같이 일하는 시간이 더 길다. 음악당 달다의 대표작은 거리 음악극 '랄랄라쇼'다. 움직이는 집 모양의 수레를 타고 세계를 여행하는 음악가 부부의 이야기를 담은 작품으로, 지난 5년간 120회 이상의 공연을 이어왔다. 두 번의 임신과 출산 기간 동안 만든 기록이다.

연리목 이정훈 부부의 음악당 달다 활동은 YTN 〈사람속으로〉, SBS 〈뉴스토리〉 등 여러 매체에 소개되었다. 은평구 빌라에 살다가 강화도 전원주택으로 이사한 뒤로는 부부를 찾는 매체가 더 많아졌다. SBS 〈좋은 아침〉 같은 TV 프로그램부터 〈리빙센스〉 〈앙쥬〉 같은 잡지까지 기혼 여성에게 보다 친숙한 매체가 그들의 삶을 취재했고, 그밖에 KBS 〈인간극장〉과 MBC 〈사람이 좋다〉 같은 휴먼 다큐 프로그램에서도 연락을 받았다. 매체라면 과연 그들 부부의 삶을 반길 만하다. 연리목과 이정훈 부부는 지은지 100년 넘은 집을 개조해 산다. 잘 리모델링한 덕분에 인테리어 정보 프로그램도 다녀갔던 집이다. 그리고 부부의 집에는 동물이 많다. 개 두 마리와 고양이, 산양 네 마리와 오리 일곱 마리가 함께 산다. 하루에 산양유가 3리터씩 나온다. 그래서 마시고 치즈와 요거트도 만들고 밀가루를 더해 빵을 굽기도 한다. 오리알도 좋은 반찬이 된다.

그러나 그런 삶이 유지되려면 끊임없이 노동해야 한다. 동물의 건강을 살피고 먹이를 챙기고 매일 젖을 짜야 한다. 그렇게 얻은 산양유를 살균하고 가공하는 일도 만만치 않은 데다 그 과정에서 나오는 설거지도 상당하다. 아침과 저녁으로 화목 보일러를 쓰기 때문에 땔감 관리도 필요하다. 봄이 찾아오면 텃밭을 가꿔야 하고, 때 되면 수확물을 관리하고 갈무리해 식탁에 올려야 한다. 잡초도 뽑아야 하고 비가 많이 오면 수로를 점검하고 보수하는 작업이 따른다. 임신과 출산부터 시작해 산후조리 기간 동안 연리목이 제대로 하지 못했던 일들이다. 이 모든 일들을 소화하느라 배우자 이정훈은 하루도 집을 비우기 어려웠고, 연리목은 늘 미안했다. 몸이 회복돼 다시 집안일에 참여하기 전까지 일이 이렇게 많은데 한 사람 몫을 충분히 못 하고 있다는 생각에 자주 움츠러들었다.

첫째부터 둘째까지 임신과 출산과 육아가 이어지는 동안 연리목의 활동은 계속되었다. 하지만 일의 성격과 방식은 많이 변했다. 혼자 밖에서 시간을 많이 보내야 하는 작업부터 먼저 줄었다. 연습에 많이 참여해야 하는 무대음악은 더 어려워졌다. 리허설 직전에 도착하고 공연 끝나자마자 서둘러 집으로 돌아가는 경우가 늘면서 합주나 공연 앞뒤로 멤버들과 보내는 시간 또한 줄었다. 무대음악 감독과 밴드를 병행하고 있는 배우자 이정훈 또한 같은 입장이 되었다. 집에서 할 일이 많다고 해도 밖에 나갈 일은 계속 생기기 마련이라 한 명이 나가면 한 명이 아이를 맡아야 하니 서로 일정을 잘 짜야 한다.

반면 배우자와 함께 하는 작업은 늘었다. 음악당 달다 활동의 일환으로 둘은 집에서 회의하고 대본과 곡을 쓰고 연습한다. 아이가 하나일 때는 모든 일정에 아이가 함께했는데 둘째가 태어난 뒤론 어려워졌다. 첫째가 어린이집에 가고 둘째가 돌보미 선생님과 함께 있는 평일 낮이나 아이들이 모두 잠든 밤이 되어야 작업이 가능하다. 하지만 전과 달리 일찍 잠들고 만다. 시골 생활에 익숙해진 뒤로는 해 떨어지면 몰려오는 잠을 떨치기 어렵다.

이렇게 힘들 줄 몰랐다

출산을 앞둔 2014년 겨울 소속사 붕가붕가 레코드의 음악가 동료들이 모인 연말 파티에서 연리목은 물었다. "아이 낳고 돌아온 록 가수 누가 있지?" 빙 둘러앉아 이런저런 이야기를 나누다 문득 궁금해져 가볍게 던진 질문이었는데 답은 돌아오지 않았다. 지금은 출산 뒤 활동하는 여성 음악가가 몇 있지만 그때는 모두가 머리를 맞대도 연예인과 해외 음악가를 제외하고는 한 명도 이름을 말하지 못 했다. 출산한 음악가라는 명확한 모델은 가까운 곳에서 찾기 어려워도 출산을 통해 삶이 변한 여성은 어디에나 있다. 그래서 연리목은 임신 기간 동안 아이 낳으면 3-4년은 아무것도 못 한다는 말을 여러 번 들었다. 정말 그렇게 되는 걸까 두려웠지만 한편으로는 아이 낳고 이것도 하고 저것도 하고 일을 멈추지 않을 거라 다짐하곤 했다. 그리고 다 했다. 이제 와서 생각하니 배우자가 회사원이었다면 못 했을 일이다. 출산 전부터 여러 모로 육아에 관해 정신무장을 시켜두긴 했지만 집에서 같이 일하는 사람이라 가능했다.

첫 번째 임신 기간 동안 책을 많이 봤다. 이제는 출산 과정을 생생하게 기록한 웹툰까지 나오고 있지만 불과 몇 년 전만 해도 출산을 둘러싼 고된 여정을 적나라하게 다룬 정보는 거의 없었다. 그 가운데 가장 유용했던 교본은 당시 네이버 캐스트에서 연재되던 '똑게육아'로, 똑똑하고 게으른 육아를 말한다. 나중에 책으로 나왔다. 연리목은 자료를 통해 일단 모유수유가 쉬운 일이 아니라는 것부터 알게 되었다. 엄마가 젖을 물리는 건 세상에서 가장 자연스러운 이미지처럼 보이지만 현실이 늘 그렇지는 않다. 그렇게 되기까지 거쳐야 할 고통스럽고 험난한 과정이 있다. 출산보다 젖몸살이 더 힘들다는 사람들도 꽤 많다. 연리목도 마찬가지라 그 무렵 치료비로 백만원 가량을 썼다.

아이를 키우면 잠을 못 잔다는 이야기를 많이 듣기는 했지만 실상은 잘 몰랐다. 언젠가 친구가 아이를 낳고 1년쯤 됐을 때 잠깐 졸았다가 눈을 떴더니 네 시간이 지나 있어 깜짝 놀랐다는 이야기를 들려준 적이 있다. 아이 낳고 그렇게 길게 자본 게 처음이라 했다. 그때는 사람이 어떻게 그럴 수가 있을까 싶었는데, 이제는 그런 걸 왜 다들 모를까 하는 질문으로 변했다. 깊은 잠은 출산한 어른 말고 아이한테도 대단히 중요한 문제다. 책을 참고해 아이를 열두 시간 재우는 데 성공한 이야기를 들려주기에 앞서 연리목은 "아이 안 낳으셔서 이게 얼마나 대단한 일인지 잘 모르겠지만요" 하면서 내 입장부터 헤아리고 있었다.

연리목은 첫째 어진이를 자연주의 출산으로 낳았다. 출산 전에 참고했던 자연주의 출산 관련 책에는 출산이 평화롭고 아름다운 것처럼 묘사되어 있었다. 그러나 연리목의 첫 출산은 그렇게 자연스럽지 못 했다. 서른여섯 시간 진통을 겪었던 일이다. 포기하고 싶은 생각이 들었다고 말했고, 그 시절로 돌아가자 말이 횡설수설해 미안하다고 또 말했다. 우리는 1차로 커피숍에서 인터뷰를 두 시간 반쯤 진행한 뒤 술자리로 이동했는데, 노트북을 덮고 나서야 나는 연리목의 서른여섯 시간을 보다 깊게 들을 수 있었다. 그때 겪은 것과 그로 인해 연리목이 겪은 몸의 변화와 고통은 결국 나를 울리고 말았다. 어쩌면 연리목보다 가까운 관계 안에서 그간 충분히 접할 수 있었을 법한 이런 이야기들을 나는 꽤 오랜 시간 외면해왔다는 것도 뒤늦게 알았다.

연리목은 그동안 참고한 교본의 가치를 계속해서 설파하고 있다. 많은 사람들이 아이를 낳은 뒤에 공부를 시작한다. 힘드니까 공부가 필요하다고 느껴 의존할 만한 자료를 찾지만 그때는 너무 힘들기 때문에 책이 눈에 들어오지 않는다. 그러니까 미리미리 준비해야 한다. 사전 정보가 없다면 더 심각한 공황에 빠질 수 있다.

위기의 십대 작곡가

어린 날에는 다른 책을 봤다. 어쩌면 그 책이 오늘의 연리목을 만들었는지도 모른다. 중학교 3학년 시절 교보문고에서 열어봤던 진로 및 직업 관련 책으로, 쭉 넘겨보다가 작곡가라는 직업을 소개한 대목에 오래 머물렀다. 봄 방학 안에 진로를 결정하라는 아버지 말에 연리목은 작곡가가 되고 싶다고 했다. 이전까지 피아노를 배우고 플루트도 잠깐 배워봤지만 한때는 신승훈을 좋아하고 곧 DJ DOC 같은 댄스 음악에 이끌렸던 평범한 중학생 시절의 이야기다. 클래식

작곡가가 될지 대중음악 작곡가가 될지 그런 걸 고민할 겨를도 없이 일단 작곡 정규 과정이 있는 학교에 가야 한다고 생각했고, 준비한 끝에 선화예고에 입학했다. 일단 존중하고 지원했던 부모는 사실 그리 달가워하지 않았다. 등굣길 전철역까지 아침마다 태워주던 아버지는 인문계로 갈 생각 없느냐고 자주 물었다.

학교에서 이루어진 수업 가운데에는 화성학이 있었다. 화음에 대한 여러 규칙을 익히고 적용해 4성 화음을 완성하는 일이다. 작곡 수업에서는 피아노 3부 형식과 기곡 작곡을 배웠다. 피아노 실기 시험도 계속 준비해야 했다. 청음 과목도 있었다. 가장 어려웠다. 피아노로 멜로디를 치면 바로 받아 적는 것인데, 절대음감이 아닌 상대음감이라면 취약할 수밖에 없는 분야다. 상대음감 연리목은 대학 입시를 앞두고 고등학교 3학년 시절 새벽마다 청음 레슨을 받았다. 돌이켜보니 그걸 꼬박꼬박 배웠던 자기보다 아침마다 가르치러 찾아왔던 선생이 더 대단한 사람이었다. 실기 성적은 매번 좋지 않았다. 입시 준비만 급하게 해서 학교에 들어온 연리목과 달리 친구들은 일찍부터 클래식을 접하고 예술중학교를 거쳐 예고에 진학했다. 이래도 괜찮은 걸까 늘 고민했던 자신과 달리 친구들은 다들 음악을 사랑하는 것 같았다.

학창 시절은 힘들었지만 입시는 운이 좋았다. 그간

서울대학교 작곡과에서는 3부 형식을 출제했는데, 연리목이 입시를 치렀던 그해에는 피아노 소나타가 나왔다. 모티브 한 마디가 주어지면 거기서부터 음표를 그려 여섯 시간 동안 소나타 한 곡을 완성하는 일이다. 입시를 준비하면서 주어진 시간 내에 한 번도 완성하지 못 했는데, 시험 날은 이상하게 재미까지 느끼면서 소나타를 작곡할 수 있었다. 합격한 서울대 작곡과 정원은 열다섯 명이었고 당시엔 남녀 쿼터제가 있어 수석 빼고 남녀를 일곱 명씩 뽑았다. 음대 입시를 준비하는 고교생 가운데 여학생 비율이 훨씬 높지만 쿼터제 덕분에 남학생은 여학생보다 현저히 낮은 점수를 받고도 합격할 수 있었다. 학부모들의 항의 끝에 이제는 제도가 바뀌었다고 하는데, 그러기까지 남학생 학부모 집단으로부터 치열한 반대도 따라왔다고 들었다.

고교 시절 19세기 이전 음악을 배웠다면 대학 와서는 20세기 음악을 접했다. 조성을 파괴하는 것을 시작으로 듣기에 아름다운 것을 일부러 배제하거나 수학적으로 접근하거나 하는 실험적인 시도가 이어졌던 시기다. 그런 음악에 연리목은 영 흥미를 느끼지 못했다. 전공은 제쳐두고 동아리 활동부터 학생회에 이르는 캠퍼스 라이프를 즐겼다. 풍물 전수, 탈춤 전수, 환경 활동, 기지촌 방문 등등 다양한 일정에 두루 참여하느라 여름 내내 전국 각지를 돌아다녔다.

눈뜨고코베인의 키보디스트

눈뜨고코베인(이하 눈코)은 대학 친구들과 결성한 밴드다. 집에 있던 피아노를 팔고 건반으로 바꿨을 때였다. 대학에서 만난 친구들이 밴드를 만든다고 하기에 "나도 할래" 하고 들어갔다. 밴드 음악이 뭔지도 몰랐고 뭘 하려고 하는지도 몰랐던 연리목은 깜악귀와 장기하를 비롯한 당시 멤버들에게 악보를 요구했다. 당연히 못 그린다는 답이 왔다. 그래서 그냥 했다. 카피도 해보고 창작곡도 하면서 서서히 합을 맞추게 됐는데, 처음에는 의사소통이 잘 안 됐다. 노래와 기타를 맡은 깜악귀가 박자를 못 맞추고 마디를 제대로 못 센다고 생각했다. 클래식 전공자와 비전공자 사이에서 음악을 이야기하는 언어는 서로 다를 수밖에 없었다. 언어가 통할 때까지 연습을 이어간 끝에 눈코는 2003년 데뷔 EP 〈파는 물건〉을 발표한다. 노래 각각의 제목과 가사부터 선율과 편곡까지 엉뚱하고 기발한 상상력이 두드러지는 작품이다. 2012년 재발매를 기획한 붕가붕가 레코드 고건혁 대표는 〈파는 물건〉을 두고 "시대를 앞서 나간 괴작"이라 설명한 바 있다.

연리목한테 눈코는 자신을 깨닫게 만든 동시에 추후 활동의 지평을 열어 준 각별한 밴드다. 처음 경험했던 클럽의 작은 무대는 음악을 통해 관객을 만나는 기쁨을 일깨워줬다. 자신이 무대에 서는 걸 좋아하는 사람이라는 것도 눈코 활동을 통해 알았다. 무대는 오래 지속되었다. 연리목이 이십대 초반에 시작했던 눈코는 네 장의 정규 앨범을 발표하고 2016년까지 싱글을 공개해왔던 밴드다. 그렇게 오래 활동할 수 있었던 비결을 묻자 깜악귀의 힘이라고 연리목은 답했다. 밴드 초기 시절부터 열정적으로 곡을 쓰고 편곡하면서 다양한 아이디어를 제시한 친구고, 멤버들은 거기 (이)끌렸다. 시간이 흐르자 멤버 각각의 개성이 반영되면서 시너지를 얻었고, 더 시간이 흐르자 자연스럽게 활동에 대한 부담을 다 같이 덜 수 있었다. 삼십대에 접어들자 각각 직장이 생기고 사업하고 결혼하고 아이까지 생기면서 모두가 바빠졌지만 그래도 눈코 활동만큼은 모두가 늘 고려하면서 산다. 아마도 그만두게 된다면 깜악귀가 그만하자고 할 때일 것 같다.

눈코와 함께 보낸 세월은 길었지만 연리목은 작곡에 개입하지 않았다. 결성 초반에는 밴드 음악에 대한 이해와 자신감이 부족했던 시절이기도 했지만, 전공자 입장에서 작곡이란 매 학기 제출하는 과제이자 작품이라고 생각했던 까닭이기도 했다. 깜악귀는 참 많은 곡들을 쉽게 가져와서 멤버들의 악평을 꿋꿋하게 견딘 끝에 밴드의 레퍼토리로 만들었다. 자기 마음을 담아 그렇게 곡을 많이 쓴다는 것도, 친구들이 아니라 할 때 설득하면서 곡을 발전시키는 것도 연리목은 늘 신기했다. 다른 멤버들도 간혹 자신의 곡을 만들어 무대에 올렸지만 키보디스트 연리목은 연주 대목을 잘 구성하고 맛깔나게 연주하는 것이 자신의 역할이라 생각했다.

다른 무대에서

연리목이 밴드한다는 걸 알고 있던 최우정 담당교수가 연리목을 찾았다. 최우정 교수는 교단에 서면서 한편으로 연희단 거리패와 꽤 많은 작품을 진행해왔던 음악감독으로, 음악을 맡았던 작품의 연주를 제자에게 부탁한 것이다. 그렇게 해서 연리목은 연희단 거리패의 〈바보각시〉(2006)와 〈달아 달아 밝은 달아〉(2007)에 피아노 연주자로 참여하게 된다. 만약 연리목과 내가 만난 날짜가 2018년 2월 14일 이전, 즉 연극계 미투를 통해 연희단 거리패의 감독 이윤택이 저지른 성폭력의 역사가 공론화되기 전이었다면 어쩌면 우리는 가볍게 당시 이력만 확인하고 넘어갔을지도 모른다. 참고로 연리목이 거기서 활동했던 기간은 연습과 공연 기간을 포함해 총 석 달 남짓이다. 혹시나 해서 물었는데 그리 길지 않은 시간 동안 보고 겪은 것이 연리목한테도 꽤 있었다. 하지만 여러 피해자를 고려해 최대한 말을 아끼고 싶어 했다.

연극계 미투가 일관되게 증언한 것처럼 이윤택은 정말로 왕이었다. 세 달 일하는 동안 피해자 단원은 물론 연리목 또한 이윤택으로부터 불편한 신체접촉을 겪은 바 있다. 그래도 연리목은 보호받을 수 있는 위치에 있었다. 연리목 위에는 이윤택이 있기 전에 이윤택이 존중하는 음악감독이자 연리목의 담당교수가 있었고, 스스로를 연극인이 아니라 음악가라 여겼기 때문에 극단의 분위기와 압박으로부터 상대적으로 자유롭기도 했다. 연극계라는 것이 위계가 작동하는 도제 시스템이라 하니 다들 이러는 건지 여기만 유별난 건지 잘 모르겠지만, 저런 사람을 왕이라고 모시고 존경하는 게 잘 이해되지 않았고 연리목보다 어린 단원들이 안쓰러울 때가 많았다. 연리목 표현에 따르면 "나는 그때 뭐도 없었지만" 그렇게 심각한 일들을 가볍게 보고 방관했던 것이 이제 와서 생각하니 너무 미안하다.

미투의 동굴은 생각하고 기억할수록 더 깊게 파인다. 대학 동아리 시절이 떠오른다. 모임 안에서 성폭력 사건이 있었다. 아마도 2001년이었을 것이다. 경험이 없으니 수습할 방법도 몰랐다. 일단 가해자가 커뮤니티에 더는 오지 못하게 만들었지만 결국 피해자도 떠났다. 10여 년이 흐른 뒤 단톡방을 통해 당시 동아리 친구들을 다시 만났다. 그리고 사건을 알지 못하는 어느 동기를 통해 가해자가 단톡방에 초대되었다. 사건을 기억하는 사람들이 당황하는 동안 사건을 모르는 사람들은 가해자를 반겼고 가해자는 결혼 소식을 전했다. 연리목은 생각했다. 그때 우리가 문제를 제대로 해결하지 않았기 때문에 이런 상황이 왔다. 그러나 10여 년이 흘렀어도 답은 모르겠다. 가해자한테 직접 방을 나가라고 말해야 할까. 그렇게 한다면 어떻게 말하는 것이 바람직할까. 그때도 몰랐는데 지금도 모른다. 다만 그때보다 지금이 더 불편하다.

작곡가, 그리고 음악 감독

연극음악을 경험한 뒤로 차차 새로운 세계가 열렸다. 연리목의 부모는 대학원과 유학으로 이어지는 교수 코스를 기대했지만 막상 공연예술학을 공부하러 찾아간 대학원 과정은 예상한 것과 달라 곧 관뒀고, 백수가 되는 바람에 호프집부터 은평구 뉴타운 구파발 유적지에서 유해를 발굴하는 일까지 이런저런 아르바이트를 많이 했다. 기타리스트 옴브레(김헌기)는 연리목과 유적지 아르바이트를 같이 했던 사이다. 눈코로 활동하면서 클럽에서 공연하던 시절부터 알고 지내던 인연이고, 연극음악으로 넘어왔을 때는 연리목이 피아노를 치는 동안 옴브레는 기타를 쳤다. 둘은 곧 욤 프로젝트를 결성한다. 음악으로 돈을 좀 벌어보자 했고 명함까지 파서 맞춤음악 전문 욤 프로젝트라 새겨두었다.

그 무렵 어느 잼 파티로부터 초대를 받았다. 무용수와 음악가가 참여하는 자리였고, 제비뽑기로 짝을 이룬 무용수와 음악가가 즉흥으로 무대를 만드는 이벤트가 있었다. 그날 만나 즉석에서 작업했던 무용수가 연리목과 옴브레를 다시 찾았다. 해당 무용수가 소속된 트러스트 현대 무용단에 욤 프로젝트를 소개했다 했고, 정기공연 〈올리브나무〉(2007)의 음악감독을 제안하고 싶다고 했다. 처음으로 작곡가이자 음악감독 역할로 작업했던 경험이다. 공연이 끝난 뒤에도 새로운 일은 계속해서 들어왔다. 연극, 무용, 독립영화 등 다양한 장르가 욤 프로젝트를 찾았다.

욤 프로젝트가 와해된 뒤로 연리목은 혼자 영화로 갔다. 〈은교〉의 음악감독을 맡게 됐는데, 예고를 거쳐 대학교 시절 공부했던 작곡을 다시 마주하는 기분이었다. 시나리오를 읽고 났더니 그림이 그려졌다. 촬영장에 몇 번 드나들고 정지우 감독과 많은 이야기를 이어간 끝에 피아노 한

대와 13인조 실내악 편성이라는 구성이 나왔다. 인물의 성격을 파악해 캐릭터마다 다른 악기를 부여하고 각각 다른 멜로디를 만드는 작업이 특히 즐거웠다. 영화음악 포트폴리오가 거의 없다시피 한 연리목을 캐스팅한다는 것은 사실 영화계 안에서 사례를 찾기 어려운 파격적인 결정인데, 정지우 감독은 연리목을 굉장히 신뢰했고 연리목은 적극적인 호응 덕분에 상당한 자신감을 얻었다.

리더로 겪는 일

영화에 이은 연리목의 이력은 타니모션이다. 직접 이끄는 국악 퓨전 밴드다. 눈코 시절과 몹시 다른 음악이지만 연리목은 타니모션을 하면서 깜악귀가 많이 떠올랐다. 미안했다. 그동안 얼마나 힘들었을지 알 것 같았다. 밴드의 리더는 내 자리가 아닌 걸까 하는 생각을 지금도 많이 한다. 다른 이가 연주하고 노래하는 걸 상상하면서 곡을 쓰는 것도 즐겁고, 만들어 가져온 노래를 소화해주는 친구들도 사실 고맙다. 그런데 하다 보면 이렇게 해줬으면 좋겠는데 싶을 때가 많고, 원하는 대로 통제하는 게 과연 맞는 것인지 헷갈린다. 욕심이 너무 크고 만족을 잘 모르는 것은 아닐까, 뜻하지 않게 자신이 독재자가 되는 것은 아닐까 의심하기도 한다. 당연히 마찰도 생긴다. 참견과 눈치 사이에서 여전히 방황 중이다.

　　최근 몇 년 사이 가장 주력해왔던 활동은 배우자 이정훈과 함께 하는 음악당 달다 운영이다. 앞서 설명한 것처럼 음악당 달다의 대표적인 활동은 이동형 거리음악극 랄랄라쇼로, 연리목의 설명에 따르면 생계를 책임지는 공연이다. 이정훈은 주로 연출을 맡고 연리목은 주로 음악을 만든다. 그리고 둘이 함께 의상과 소품 등 시각적인 분야와 섭외를 유동적으로 나눠 관리한다. 신작극 준비도 함께 하고 있다. 정말 많은 일들을 했고 경험했던 장르 또한 엄청나게 다양한데, 그러나 연리목은 매번 다르게 접근할지언정 그냥 똑같이 음악하고 있는 상태라고 생각한다. 일을 벌인다고 생각 안 하고 그냥 하다 보니까 여기까지 왔다.

　　음악당 달다는 한국거리예술 협회 소속 극단이다. 협회에선 주기적으로 1박 2일짜리 워크숍을 연다. 첫 해에는 둘이 같이, 두 번째는 이정훈이, 세 번째는 연리목이 참여했다. 혼자 온 연리목에게 애는 어떻게 하고 왔느냐 누군가 물었다. 남편이 보고 있다고 말하니 다들 남편이 대단하다 했다. 연리목은 남편 칭찬을 들을 때마다 기분이 이상하다. 이정훈이 혼자 갔을 때라면 집에서 혼자 아이들 돌보는 아내 연리목이 대단하다는 말을 과연 들을까. 대단한 아내 덕분에 1박짜리 워크숍에 참여할 수 있다고 생각하는 남자들이 몇이나 될까. 밤이 깊어지자 누군가 연리목에게 농담했다. "왜 집에 안 가요? 애들도 있는데 집에 가야죠. 자유부인이에요?" 그동안 남자들도 이런 말을 들어왔을까. 연리목은 남편한테 고마운 것이 많다. 그러나 가끔은 고마운 게 싫어진다.

아이와 함께 외출하기

연리목은 공연기획으로 긴 이력을 쌓아온 선배를 이십대부터 알고 지냈다. 선배가 그때부터 아기 데리고 일하는 걸 계속 봐왔다. 둘째를 낳았을 때는 갓난아이를 늘 일터에 데려왔다. 프린지 페스티벌을 운영하는 오성화 대표로, 오대표는 연리목의 첫째 어진이 육아에 참고할 만한 가장 확실한 모델이 되었다. 일상예술창작센터에서 일하는 연리목의 친구 최현정도 아이를 종종 사무실로 데려왔다. 여전히 드물긴 하지만 그래도 이제는 음악하는 친구들의 임신과 출산과육아 소식을 조금씩 듣는다. 부부 밴드 복태와 한군은 아이셋과 함께 산다. 언젠가 연리목은 싱어 송라이터 임주연을 공연장에서 만난 일이 있다. 그들 각각의 무대가 아니라 아이들이 좋아하는 공연을 둘 다 엄마이자 관객 입장에서 찾아온 것이다.

첫째 어진이는 연리목과 함께 경험한 것이 많다. 연리목이 공연할 때도 어진이가 한 공간에 있었고, 아이 돌보는 스태프를 고용해둔 뒤 리허설 마치고 대기실에서 젖 물리고 했다. 배우자와 일정이 맞지 않아 둘 다 나가야 하는 날이면 어진이는 합주실에서 기어 다녔다. 눈코 합주가 있었던 언젠가 차에 아기 전용 울타리를 싣고 합주실에 가서 바닥을 닦고 펜스를 설치한 뒤 거기 어진이를 뒀다. 타니모션 합주실은 좀 더 편했다. 신발 벗고 들어갈 수 있었던 곳이라 아이가 있어야 할 바닥을 군이 닦지 않아도 되었다. 요새 어진이랑 하는 외출은 보다 수월하고 재미있기까지 하다. 2015년 2월 태어난 이어진은 이제 네 살이라 엄마랑 대화가 좀 된다. 3년을 키웠더니 카페도 같이 갈 수 있다. 그간 공연장 많이 데리고 다녀서 그런가 시끄러운 소리도 잘 견디고 영화 보다가도 중간에 나가자고 조르지 않는다.

둘째 로이는 그보다 경험이 적어 미안한 마음이 있다. 강화도로 이사온 뒤에 얻은 아이라 이제 어딜 가든 한 시간 이상 같이 차를 타야 한다. 그리고 아이가 둘이니까 집에서도 밖에서도 전보다 힘들다. 아이와 함께 하는 외출이란 정말이지 많은 준비가 따르는 일이다. 어릴수록 필요한 것이 많다. 기저귀는 기본이고 기저귀를 갈 때 바닥에 깔아야 할 깨끗한 천이 필요하며 갈아입을 옷과 휴지와 물티슈도 잔뜩 챙겨야 한다. 먹을 것은 물론이고 심심할 때를 대비한 장난 감도 가방에 넣는다. 외출하는 곳이 모유수유가 가능한 공간인지도 알아야 한다. 식당에 가면 엄청 흘리기 때문에 바닥을 닦을 수건도 챙겨야 하고, 그걸 잊는다면 끊임없이 죄송하다 말할 마음의 준비가 되어 있어야 한다. 엄마가 되면 가족부터 타인까지 미안하다고 말할 사람이 낳아진다.

아이의 행동을 예측하고 다른 사람에게 피해가 없도록 통제하는 건 늘 어려운 일이다. 연리목도 여전히 매일 시행착오를 겪고 때때로 인내심의 한계에 부딪힌다고 말했다. 그러나 함께 살아가려면 반드시 이뤄내야 하는 일이고 공부가 필요한 일이라고 연리목은 생각한다. 여러 자료들을 참고하고 공부해 아이의 흥분을 가라앉히기도 했고 규칙적으로 잘 자는 아이를 보는 기쁨을 얻기도 했지만 요령을 구체적으로 나누는 일은 좀 조심스럽다. 육아는 저마다 다르다.

그래도 나누고자 하는 것이 있다. 임산부와 엄마의 사정이다. 연리목은 가까운 사람들에게 늘 말해왔다. 임신 때나 출산한 뒤에나 지금 컨디션이 어떤지를, 입덧이 심할 때 어떤 냄새에 특히 민감한지를, 그리고 아이와 함께 외출한 이유를 주변 사람이 알게 만들었다. 혼자 답을 찾는 건 고통스럽기도 하거니와 정말로 어려운 일이다. 그러니 아이를 준비하고 아이와 함께 하는 일의 어려움을 설명하고 주변이 아는 과정이 반드시 필요하다. 언젠가는 이런 양해가 필요 없어질 때까지 우리는 계속 나눠야 한다.

연리목의
페미니즘 교과서

버자이너 모놀로그

이브 엔슬러 | 류숙렬 옮김 | 북하우스

"대학 시절 다양한 동아리와 학회에서 활동했는데, 그런 활동을 통해 나를 좀 더 잘 파악하게 되었다. 나는 나를 소중하게 여기는 사람이다. 그래서 부당한 상황을 못 참고 화도 잘 낸다. 특히 페미니즘 세미나를 통해 이 책을 접했을 때 오아시스를 만났다고 생각했다. 좀 더 표현하고 내 마음을 드러내는 방식으로 살고 싶어졌다."

똑게육아

로리(김준희) | 아우름

똑게육아 올인원

로리(김준희) | 예담Friend

"내가 임신했을 때는 네이버 캐스트에서 연재되었던 지침이었는데 곧 책으로 나왔다. 출산 전에 읽어둔 덕분에 여러 가지 상황을 대비할 수 있었고, 나중에 베이비시터를 고용했을 때도 일독하라 권했다. 다만 출산 전이라면 경험 없이 상상만으로 내용을 익혀야 하기 때문에 제품 없이 사용 설명서만 읽는 것처럼 느껴질 수도 있다. 그래도 미리 머릿속에 잘 넣어두고 시뮬레이션해보는 것이 나중에 큰 도움이 된다."

"아프다는 걸
말해야 한다"

오지은 언어의 마법사

1981년생. 2006년 제17회 유재하 음악경연대회 동상 수상자다.
〈지은〉(2007)으로 데뷔해 총 세 장의 정규 앨범을 발표했고,
2010년 프로젝트 밴드 오지은과 늑대들을 결성해 활동하기도 했다.
음악 외에 출판과 가깝다. 2008년 만화 〈토성맨션〉을 번역했고
산문집 〈홋카이도 보통 열차〉와 〈익숙한 새벽 세시〉를 썼다.

twitter.com/heaventomorrow
ji-eun.com

사실만 기록하는 사람으로 살고 싶다. 불가능하다. 사실 앞에서 감정이 출렁일 때 더할 말이 생긴다. 시간이 흐르면 우스워진다는 걸 모르지 않는데 모를 만큼 감정에 몰입하면 쓰고, 잊고 살아야 편하지만 가끔은 기록을 꺼내야 할 일이 생긴다. 가사부터 쓰는 경우가 더 많은 음악가 오지은도 늘 씨름하는 일이다. 한참 전에 썼던 걸 열어보는 작업을 마쳐야 노래가 나오기 때문이다. 나는 창작하는 사람이 아닌데도 힘들다. 그래도 이건 꺼내야 한다. "오늘 아침 쏜애플과 오지은 논란을 확인했다. 여성과 작품을 모욕하는 방식도 참 가지가지라는 생각이 드는 와중에, 여성에 대한 공격은 정형화되고 고착화되어 있으며 심지어 쏜애플이 택한 단어가 말해주듯 끔찍한 수준으로 발전하고 있는데, 반대로 남성의 음악을 깎아내릴 때 어떤 단어가 적절한 상처와 충격을 줄 수 있는지가 아예 떠오르질 않아 기운이 더 빠졌다.

더 힘든 건 내가 인간이라서가 아니라 여자라서 이렇게 더 화가 나는 걸까 계속 나를 검열하고 있다는 것이다." 나는 2016년 3월 페이스북에 썼다.

사과는 적절하지 않았다

그 기록을 꺼내고자 2016년의 페이스북으로 스크롤을 내리는 동안 나는 좀 많이 지쳐 있었다. 이것만큼은 유지했던 나를 돌아보는 일이 아니라서 그랬다. 이건 그냥 순수한 분노다. 그 와중에 예나 지금이나 글 쓰는 사람이랍시고 절제를 고민하고 있는 게 우습고 가엾다. 나의 분노와 자기 연민은 2016년 3월 어느 남성 음악가가 페이스북에 쓴 글에서 왔다. 글쓴이가 말하기를 쏜애플의 윤성현과 술을 마셨고 그러다 여성 음악가 이야기를 술자리에 올렸는데, '그런 음악'을 하는 여성 음악가가 다 별로지만 오지은만큼은 들을 만하다는 말을 윤성현이 했다고 썼다. 그때 '그런 음악'을 묘사하고자 윤성현이 동원한 표현은, 곧 오지은이 직접 말해줄 것이다. 복잡한 마음을 감당하지 못한다는 이유로 의리 없이 폭탄을 당사자한테 떠넘기는 기분인데, 나는 그때도 그 표현을 적지 못했고 사건으로부터 2년이 흐른 지금까지도 같은 질문의 늪에서 허우적거린다. 심각한 여성혐오 표현을 더 많이 기록하고 강조하는 것으로 문제를 공론화하는 것이 과연 옳은가. 적나라한 고발이 사건의 피해 당사자에게 어떤 방식으로 작동하는지를 먼저 고려해야 하는 일 아닐까. 그러나 고민하느라 내가 아는 문제와 사실을 기록하지 못한다는 것은 비겁한 일이 아닐까.

답을 찾지 못해 오지은을 찾아갔다. 그리고 우리는 2년 전으로 돌아갔다. 문제의 혐오발언을 확인했던 순간 오지은은 그 와중에 트위터 사람들을 웃겼다. 밥 먹다 봤고 그날의 반찬은 스팸이었는데 스팸을 남겼다고 했으며 이를 '의문의 1패'로 정리했다. 오지은은 진짜로 부들부들 하지 않았다. "윤성현 데려와"가 아니었다. 그냥 "어떻게 그러지?" 하는 의문이 더 커서 그랬다. 둘은 인사하고 지내는 사이였고 그건 어쨌든 칭찬 글이었다. 그러나 좀 이상하지만 칭찬받았다고 넘길 수 없는 글이었다. 오지은은 며칠간 사과문을 기다렸다. 앞길 막고 구경나는 시끄러운 싸움 말고, 논란을 우아하게 봉합할 올바른 사과문 딱 하나만 원했다. 윤성현 및 소속사의 입장 표명이 이루어지긴 했다. 그러나 "편모 슬하에서 자란 나는"으로 시작하는 자기고백은 적절하지 않았다.

문제의 혐오발언은 커피 한 잔 마시는 걸로 풀 일이

아니었다. 단순히 한 개인에 대한 모욕이 아니었기 때문이다. 그래서 썼다. 한 대 맞았으니까 받아서 때리진 않더라도 내가, 그리고 우리가 맞았다는 건 알아야 한다고 생각해서 썼다. 게다가 윤성현은 한때 같은 소속사 동료였다. 친정 식구라 생각했던 까닭에 더 어려웠지만 논쟁의 중심이 되는 공포보다 상황을 바로잡고 선례를 남겨야 한다는 의무감이 더 컸다. 당시 오지은이 트위터에 썼던 글을 요약해 옮긴다.

"혐오발언이라는 것은 황인종 치곤 운동 잘하네, 이런 것들이죠. 상대방이 '칭찬했잖아, 그런 뜻 아니야'라고 말하는 것이 전혀 논리가 성립하지 않는. 사람은 모두 불완전하고 실수를 하고, 그래서 우리는 사과라는 것을 해요. '기분 나쁘게 해서 미안해. 내 생각이 짧았어.' '내가 그런 뜻으로 한 말이 아닌데 왜 그렇게 받아들여'라는 말이 얼마나 어리석은지는 제가 말하지 않아도 될 것이고, 그런 와중에 우리는 서로 모르는 사이도 아니라는 거예요. 저는 레코딩을 하고 있어요. 예민함으로 유세하고 싶진 않지만요. 얼마 전 녹음을 하는데 문득 '아 이런 노래를 가지고 누군가는 자궁 냄새난다고 하겠구나' 하는 생각이 들더라고요. 혐오발언의 끔찍한 효과죠. 현재 음악 신을 지지해주는 사람들은 여성들이 대부분이에요. 그렇다면 더욱 섬세한 자세를 갖춰야 한다고 생각해요. 저도 모자란 인간이라 남의 잘못을 말할 땐 항상 조심스러워지지만 이 일에는 책임감이 생기네요."[9]

여성 팬덤과 남성 평론가

　　오지은은 최근에도 책임감과 의무감으로 매체에 썼다. "나는 '마녀'라는 별칭으로 불렸다. 너무나 전형적이다. 여신 또는 마녀의 프레임은 한국 사회가 여성 창작자를 어떻게 받아들이는지를 잘 보여주는 사례이다. 창작자 고유의 인간으로서의 개성을 똑바로 봐주지 않는 것이다."[10] 인용한 글은 곧 만나게 될 '홍대 여신' 요조에게도 각별했는데, 무척 고마운 글이었지만 오지은이 말했으니 다행이지 직접 말했다면 욕이 먼저 돌아왔을 것이라 요조는 말했다. 앞서 요조를 만났던 까닭에 요조의 마음을 오지은한테 전했더니 비슷한 말이 돌아왔다. 여신이라 불리던 음악가가 썼다면 피해의식 운운하는 반응이 왔을 테지만 마녀 소리 듣던 사람이라서 쓸 수 있었다 했다. 별명의 액자에서 벗어나 단독자의 가치가 복권되기를 바라는 마음도 더해서 썼다.

....

9　오지은 트위터 | 2016년 3월 22일

10　홍대 여신은 혐오다 | 여성신문 | 2018년 1월 4일

직접 설명한 것처럼 오지은은 홍대 마녀라 불렸다. 홍대 여신 이후 등장한 표현으로, 여신과 달리 그리 친절하지 않은 음악이라는 뜻에 가깝다. 어떻게 노래하는지를 의식하는 순간 자연스러운 노래가 안 나올 것 같아 오지은은 자신의 공연을 모니터하지 않는 편인데, 언젠가 노래하는 동영상을 정면으로 응시한 뒤 오지은은 마녀라는 별명에 납득했다. 대표곡 '화' 혹은 '날 사랑하는 게 아니고'를 부를 때였을 것이다. 접신한 사람처럼 보였다. 발을 구르고 팔을 휘저으며 강링술하듯 노래하고 있었다. 그렇게 몰입해야 나오는 노래인데 누군가는 그렇게 노래하는 오지은을 두고 성인물 배우 같다고 했다. 그 말에 내가 인상을 쓰고 한숨을 쉬느라 잠깐 대화가 중단됐다.

반대로 오지은은 앨범 쭉 들어보니까 마녀 아니네 하는 얘기도 많이 들었다. 당연한 반응이다. 앨범 속 열한 곡의 노래에서 매번 발을 구르고 있는 것은 아니다. 사랑에서 출발해 분노와 서정과 그밖에 미묘하고 복잡한 감정을 고루 노래한다 한들 음악하는 여성은 전형적인 캐릭터로 한정되거나 오해된다. 여자가 노래하는 사랑을 시시한 주제로 생각하면서도 사랑에 관한 깊은 욕망을 말할 때면 반대로 두려워한다. 성녀와 악녀 바깥의 여성, 혹은 어머니와 누이와 여동생 범주를 벗어난 여성을 마주한 순간 너 누구냐 묻는다. 이렇듯 여성의 음악은 귀여운 음악과 센 음악으로 쉽게 양분되고 평가된다. 그러나 여성의 음악은 모든 음악이 그러하듯 단순하지 않으며 한정되지 않는다.

오지은은 여성 팬과 남성 팬의 비율을 대략 7:3으로 추측하고 있다. 돌이켜보니 그간 발표한 세 장의 정규 앨범 모두가 페미니즘 앨범이 아니었을까 오지은은 생각한다. 여자와 남자의 반응이 달라도 너무 다르다. 일단 인디음악 팬덤의 성비를 따져봤을 때 여성이 압도적이고, 그 가운데 오지은을 만난 여성은 오지은의 노래를 흡수하면서 자신의 경험과 감정을 반추한다. 그랬다고 오지은에게 장문의 메시지와 메일을 쏟아내는 여성을 여럿 만났다. 그런데 그런 음악을 해석하고 평가하는 평론가 대부분은 남성이다. 그런 남성은 만들고 듣는 사람 사이에서 이루어지는 자연스러운 소통을 제대로 짚지 못한다. 여성은 왜 사랑 노래에서 벗어나지 못하는지를 묻고, 그러면서도 마녀 오지은이 오늘 하늘에 별이 많다고 노래하면 의외라 쓴다.

오지은은 여자가 여자를 좋아한다 말하는 일의 어려움을 생각한다. 그리고 여자가 여자로부터 선택받는 일의 가치를 생각한다. 그런 인식도 다 여혐에서 시작됐다. 여자라서 여자를 경계하고 미워해야 한다는 편견이 공고해 여자는 여자의 작품을 사랑하기까지 용기가 필요하고, 여자가 좋아하는 여자의 음악을 읽을 줄 모른다. 그런 걸 모르니 여성의 창작에 대한 기대도 낮다. 이를 문제 삼는 순간 피해의식이나 과민반응 같은 말이 날아왔다. 이제는 그럴 시기가 아니라고 오지은은 생각한다. 안예은 같은 다음 세대의 친구들이 날아다니려면 앞에서 해줄 이야기들을 하고 넘어가야 한다. 그래야 여성의 창작물을 보다 복합적이고 다양한 관점에서 이해할 수 있을 것이다.

여성과 함께 일하기

오지은의 앨범은 찢어진 일기장 같다. 그만큼 자기 이야기에 충실하다는 것이고 들려주는 사연과 통찰은 전혀 평면적이지 않다는 것인데, 그래서 발표한 세 장의 정규 앨범에 자기 사진을 실었다. 1집은 증명사진 느낌으로 일부러 건조하게 찍었다. 의도는 "이게 나야"다. 처음으로 세상과 만나는 앨범인 만큼 이력서 인상을 주고 싶어서 그랬다. 2집은 "헤프게" 보이고 싶었다. 흑백의 허공을 바라보고 있던 자신이 컬러풀하게 변화하는 과정이자 사랑과 욕망 사이의 섹슈얼리티를 폭넓게 다루는 앨범이었기 때문이다. 여자가 생각하고 상상하는 아슬아슬함을 사진작가 이버들이와 상의

한 결과, 오지은의 표현을 빌리자면 "욕망이 제거된 것 같지만 그러나 헤프게 보이는" 사진을 얻었다. 음악만큼이나 평면적이지 않은 이미지를 확보한 것인데, 누구는 수수해 보인다 했고 누구는 야하게 찍었다고 했다. 의도 적중이라 생각한다. 남성 사진작가에게 "헤프게"를 요청했다면 꽤 높은 확률로 전형적인 결과가 나왔을 것이다.

오지은은 프로젝트 활동을 비롯해 그간 발표한 다섯 장의 앨범 모두 스스로 프로듀싱했다. 업계에서 활동하는 프로듀서 대부분이 남성이다. 실력자가 많다 해도 의도한 방향과 힘을 온전히 이해한 뒤 더 많이 끄집어내 더 나은 세계를 만들어줄 사람을 만날 것이라 확신할 수 없었다. 노래 구석구석 갈 데까지 가보자고 터뜨리는 폭발적인 에너지를 과연 어느 프로듀서가 가만두겠는가. 오지은이 '화'를 쓰고 남자친구한테 들려줬을 때부터 그랬다. "널 사랑해 누구보다 저 끝까지 마지노선 따윈 없어" 대목에서 오지은의 당시 남자친구는 '마지노선'을 두고 과한 표현이라 지적했다. 오지은은 깎고 싶지 않았다. 정갈하게 다듬어진 말과 소리가 아닌 자연스러운 감정과 살벌한 결과를 원했다. 이미 곡을 쓰면서 편곡의 방향까지 다 그려놓기도 했다. 그래서 "제멋대로" 했다.

한편 오지은은 시와의 솔로 데뷔 앨범 〈소요〉(2010)

를 프로듀싱했다. 오지은이 2007년 첫 앨범 제작을 계기로 직접 만든 레이블 사운드 니에바에서 나온 앨범이다. 가까운 거리에서 관찰하는 동안 오지은은 시와의 노래가 야하다는 것을 일찍 알았다. "성녀처럼 보이는데 섹시하다"는 것이다. 목소리에 숨을 많이 넣어 노래하기 때문인데, 화장 한 겹을 벗기는 느낌으로 접근해 담백하게 노래하는 것 이상을 끌어내려 했던 작업이다. 앨범은 꽤 나갔고, 시와의 기존 음악으로부터 느꼈던 아쉬움을 잘 정리해줬다는 여성 팬의 반응도 접했지만 실패한 프로듀싱이라는 어느 남성 평론가의 의견도 있었다.

오지은은 따가운 반응에 대한 상처보다 다른 아쉬움이 더 크다. 시와의 작업을 계기로 여성과 일하면서 여성 창작자 고유의 세계를 만드는 기쁨을 알았지만 더는 나아가지 못했기 때문이다. 경력자 남성이 어린 여성의 음악을 망치는 걸 종종 봐왔고, 그러니 회사의 사정과 남성의 손에 휘둘리지 않으면서 독립적인 작품을 계속해서 하고 싶었다. 그런 의미에서 싱어 송라이터 임주연과 앨범을 구상하기도 했고, 트램폴린에게 사운드 니에바와 함께 할 것을 권하기도 했다. 여성 음악가가 주도하는 록 페스티벌을 상상하기도 했다. 그러나 다 이루어지지 못했다. 요령이 없기도 했거니와 너무 이른 발상이었던 것 같다.

앞서 소희가 지적한 것처럼 여성 프로듀서는 몹시 드물다. 여성과 여성이 함께 앨범을 하는 경험 자체가 없다시피 해 남성 경력자에게 앨범의 설계와 편곡을 의존하는 것이 관행이 되었다는 것인데, 오지은이 해결을 제안하기를 편곡은 편곡가가 하면 되고 미디는 미디하는 사람이 하면 된다. 프로듀서는 본능적으로 해당 음악을 어떻게 구성해야 더 매력적으로 전달될지를 알아보는 사람이다. 그러니 앨범 전체의 윤곽을 만드는 일만 집중해 의견을 내면 되고, 실행은 각 전문가들에게 일임하면 된다. 그러나 자기 앨범과 시와 앨범 이상으로 연속적인 프로듀싱을 쌓지 못한 오지은도 그게 어려운 일이라는 것을 잘 안다. 여성은 실력과 강점을 드러내는 일에 익숙하지 않다. 오히려 못하는 것에 더 오래 더 많이 집중한다. 해내고 나서도 문제다. 여자가 뭘 해내면 거기서 특정한 여성성을 찾으려는 식으로 평가가 이루어진다. 나이 먹을수록 더 어렵다. 이십대 위험한 여자까지는 상업적으로나 예술적으로나 두루 통한다. 결혼한 삼십대 여성, 안정을 얻은 사십대 여성은 과연 매력적인 존재일까. 우리는 그런 여성을 제대로 사랑해본 경험이 있을까.

모델이 있긴 하다. 자우림의 김윤아다. 그러나 오지은은 "윤아언니는 원 앤 온리"라는 분명한 한계를 말했다. 반면 그런 남성은 이적, 김동률, 유희열 등 세상이 가장 좋아하는 사람은 사십대 남성이 아닐까 싶을까 차고 넘친다. 여성이 헤엄칠 연못이 없다. 무턱대고 지르는 자신감, 무작정 돌진하는 에너지는 너무 오랜 시간 남자들의 것이었다. 스스로 헤쳐 나가야 다음 여성이 나타난다는 것을 알고 있지만, 오지은이 그랬던 것처럼 여성의 세계에선 생산보다 중단과 거절의 경험이 더 많이 쌓인다.

#나는페미니스트입니다

우리는 한 번쯤 "나는 페미니스트는 아니지만"으로 운을 띄워 여성의 입장을 말해본 적이 있다. 오지은은 우리가 그렇게 말해왔던 이유를 잘 안다. 우리는 페미니스트를 미워하게 만드는 구조 안에서 살고 있기 때문이다. 페미니스트란 다들 어쩔 수 없이 적응하고 순응하고 사는데 혼자만 못 참고 소란과 분란을 만드는 유난스러운 사람으로 통해왔다. 오지은도 그런 함정에 빠졌던 일이 있다. 오지은은 대학 시절 여성주의를 공부하고 실천하는 친구들과 종종 어울렸다. 그리고 자신도 모르게 친구들을 종종 마음속으로 평가했다. "쟤는 페미니스트라면서 왜 저러지?" 페미니스트는 매사 현명하고 도덕적으로 완전무결한 사람이라 믿었다. 그럴 수 없는 자신은 페미니스트가 아니라고 선을 그었다.

돌이켜보니 초등학교 시절 오지은은 어머니 앞에서 페미니즘을 한 적이 있다. 표지에 하이힐이 그려져 있던 것까지는 생각나는데 제목은 기억에 없는 어느 페미니즘 책을 읽고 난 뒤 식탁에 삼계탕을 올린 어머니에게 물었다. "왜 오빠만 다리 먹어요?" 페미니스트 친구들한테 그랬다고 말했더니 그게 페미니스트라 했다. 어린이 시절부터 이미 억울한 여성이었는데 그때는 그런 말을 안 들으려고 했다. 그런 이미지를 가져봐야 좋을 게 없었다. 사실 그렇게 선언하는 것 자체가 공포였다. 음악을 하고 나니까 여성 음악가라면 더욱 가만히 있어야 할 것 같았다. 남성이 훨씬 많은 음악계에 잘 섞이기 위해 마초처럼 굴었던 시기가 꽤 길었고, 지금도 그 버릇이 남아 있어 머쓱해질 때면 '이 자식' 같은 남자의 언어를 쓰곤 한다.

그러나 페미니스트는 페미니즘에 대해 생각하는 사람이다. "IS보다 무뇌아적 페미니즘이 더 위험하다"고 방송인 김태훈이 한 패션지에 썼던 글을 계기로 2015년 2월 트위터를 통해 '#나는페미니스트입니다' 해시태그 바람이 불면서 오지은의 페미니즘 인식은 송두리째 달라졌다. 페미니스트란 이전까지 드러내면 안 되는 것이라 생각했는데 밝혀도 되는 이름이 되었다. 2010년 3월 트위터를 시작한 오지은은 이전까지 늘 스스로가 '억울충'이 아닐까 의심해왔다. 여성의 창작을 둘러싼 문제의식을 말하다가도 피해의식이나 과민반응 혹은 애정결핍 같은 반응에 움츠러들었다. 그러나 페미니스트는 더는 번민과 박해에 시달리는 존재가 아니다. 오지은 또한 해시태그 물결에 뛰어든 다른 여성들과 마찬가지로 누적된 불만과 불안 사이에서 고민하다가 선언을 이어가는 무리를 만나 자긍심을 얻었다. 어느덧 오지은은 여성 관련 행사에 꽤 자주 참석하는 음악계 페미니스트 아이콘이 되었다.

　　그러나 트위터 페미니스트의 등장 이후 여성의 입지는 정말로 달라졌을까. 오지은은 그동안 트위터를 하면서 욱일승천기 액세서리를 자기 계정에 올린 뒤에 출연하던 프로그램에서 번개 같이 하차한 소녀시대 티파니를, 그리고 성폭력을 둘러싼 논쟁으로 작품 전량이 회수된 만화가 이자혜를 봤다. 오지은은 스티커를 잘못 붙여서, 혹은 쓴 의도와 다르게 이해되고 기억될 글로 한순간에 갑자기 존재가 사라지는 미래를 생각한다. 사실관계를 따져볼 겨를 없이 다음날 모든 음원이 서비스되지 않거나 모두가 음반을 부수는 미래는 창작자에게 실질적인 공포다. 실수와 잘못은 여성 앞에서 더 가혹하다는 것을 알기 때문이다.

불안한 십대의 노래

　　여성 창작가를 둘러싼 전반적인 제약과 한계를 말할 때 오지은은 뜨거운 사람이 되지만, 그러기까지 눈치 살피던 기간이 꽤 길었다. 중학교 시절부터 그랬다. 당시 PC 통신 커뮤니티를 통해 어느 록 밴드의 보컬리스트로 데뷔한 오지은은 나우누리 음악 동호회 메탈체인에서 기획한 공연의 무대에 올랐다. 중학교 3학년 때였고, 커뮤니티에서 마련한 공연에 관객 400여 명이 모였을 만큼 아름다웠던 시절이다. 오지은은 그 시절 경험한 첫 번째 무대를 제대로 즐기지 못했다. 함께 밴드하는 연주자 언니 오빠들은 오지은보다 열 살가량 많았다. 중학생이라는 이유로 무대를 망치는 게 변명이 되지 않는다는 것을 알았다. 카피곡과 창작곡을 섞어 열 곡 넘게 부르는 동안 실수하지 말아야지 하는 강박에만 시달렸던 까닭에 기쁨과 흥분에 대한 기억이 없다.

　　고등학교 때는 연예기획사에 들어갔다. 거기서 얻은 깨달음이란 남의 돈으로 음악을 하면 안 된다는 것이었다. 거기서 부르라 하는 노래들은 어딘가 맞지 않았고, 그렇다고 스스로 곡을 쓰지도 못했다. 재능도 없고 취향도 잘 모르겠으며 하고 싶은 말이 무엇인지 갈피를 못 잡겠는데, 그렇다면 음악하면 안 되는 사람인데 허영으로 여기 머물러 있는 것인가 싶었다. 그 무렵 동갑내기 김사랑이 〈나는 열여덟 살이다〉(1999)를 발표하자 더 혼란스러워졌다. 혼자 곡 쓰고 연주해 만든 데뷔 앨범이다. 어려도 잘해야 한다는 강박이 따르기는 했지만 그래도 어리니까 괜찮다고 뭉개려 했던 변명의 구실이 사라져버렸다. 나이는 아무런 이득이 되지 않았다.

그 와중에 공부는 잘했다. 초등학교 때부터 열심히 했기 때문에 크면서 딴짓을 많이 했어도 성적을 유지할 수 있었다. 고3 때는 기계처럼 했다. 한국 사람이라면 성적으로 나의 가치를 증명해야 하는데, 영악하게도 그걸 일찍 알아버려서 삶에 필요한 에너지를 그때 다 써버렸는지도 모른다. 그래도 대학은 가야지 싶어 따랐지만 음악과 글이 직업이 될 줄 알았다면 그렇게 안 해도 됐다. 진작 내려놨다면 지금쯤 더 많은 앨범과 책이 쌓였을 것이다. 대학 등록금도 아깝고, 인생의 중요한 시간을 이미 다 써버린 뒤에 창작을 시작한 것도 아깝다. 창작은 공부보다 훨씬 어려웠다. 뜻도 명확하고 방법도 알았던 공부와 달리 창작에 대한 정의와 철학은 제각각이니 당연한 일이다. 창작을 고민할 기회를 찾는 것부터가 어려웠다. 대학 와서도 밴드를 기웃거렸지만 잘 안 풀렸고, 공부마저 내려놓은 뒤 어학연수를 핑계로 도피하듯 삿뽀로로 갔다. 가면 일단 음악에 대한 부질없는 미련과 인연을 다 내려놓을 수 있을 것 같았다.

    삿뽀로에서 도쿄까지 일본에 2년 머무르면서 각종 아르바이트를 전전했다. 식당에서 일하자 20kg짜리 감자 포대를 들 만한 괴력이 있다는 것을 알았다. 많이 고생했지만 얻은 것이 더 많다. 살면서 또 일하면서 만난 일본 사람들은 오지은이 중학교 때부터 밴드했다는 것을 몰랐다. 음악에 대한 동료의 깊은 갈망과 환멸도 당연히 몰랐던 일본인 친구들과 언젠가 노래방에 갔던 일이 있다. 진짜로 행복하게 노래했다. 전까지는 노래방 마이크 앞에서 늘 긴장했다. 노래하는 사람이니까 언제 어디서나 잘 해야 한다는 압박이 따라왔는데, 삑사리가 터져 나와도 일본인 친구들은 지은상을 향해 칭찬을 아끼지 않았다. 노래는 너무 일찍 찾아왔지만 노래하는 기쁨은 너무 늦게 알았다. 오지은은 곧 다음 단계로 넘어갔다. 곡을 쓰는 일이다.

방구석 작곡가의 반란

    폭풍이 찾아왔다. 스물네 살 고시원 시절 곡을 안 쓰면 미칠 것 같은 상태가 되었다. 남자친구로부터 차인 뒤 순식간에 노래가 나왔다. 허공에서 맴도는 멜로디를 휴대폰에 녹음했다. 가사와 멜로디가 갑자기 쏟아져 허겁지겁 주워 담은 것이다. 친구한테 얻어온 작은 키보드도 적절히 활용하면서 "이별 K-발라드" 여러 곡을 단숨에 썼다. 열한 곡이 모이자 앨범을 만들자 했다. 경험과 사유를 통해 곡이, 나아가 앨범이 성립된다는 것을 처음 깨달았지만 돈이 없었다. 오지은의 형편을 아는 사람은 적지 않았다. 그간 일어났던 일들을 홈페이지 지은닷컴에 깨알 같이 적어놨기 때문이었는데, 소셜 펀딩이니 크라우드 펀딩이니 하는 말이 나타나지 않았던 시절에 이미 오지은은 지은닷컴을 드나드는 사람들의 후원으로 앨범을 직접 제작했다. 후원자 59명으로부터 후원금 총 1,842,615원(+8달러)이 모였다. 파란에 가까웠던 당돌한 데뷔 앨범 〈지은〉은 2007년 1월에 나왔다.

오지은은 데뷔 앨범이 있기 전에 친구와 함께 듀오 헤븐리를 결성해 2006년 제17회 유재하 음악 경연대회에 나갔다가 동상을 받았다. 전까지는 그야말로 방구석 작곡가였고 방구석에서 만든 노래를 아는 사람은 친한 친구 몇 명이 전부였을 뿐이다. 그런데 그 노래가 어쩌면 세상에 필요할 수도, 동시에 가요라는 문법에 어긋나지 않으며 나아가 기성 음악인에게도 무언가 기능할 수 있다는 것을 수상이 증명했다. 백만원이었나 이백만원이었나 기억이 정확하진 않지만, 친구랑 반으로 나눠 가져갔다 한들 그때 주어진 상금도 당시로선 큰돈이었다. 대회 이전에는 만화가 올드독이 있었다. 올드독 또한 지은닷컴을 드나들었던 방문객으로, 당시 작업하고 있던 애니메이션에 오지은의 '사계'를 엔딩 크레딧으로 쓰고 싶다며 돈을 주고 곡을 샀다. 앨범이 나온 뒤로는 보부상을 자처했다. 공연이 끝난 뒤 직접 앨범을 팔았다. 누군가는 음악가의 체면 운운하며 말렸지만 삼만원이 됐든 오만원이 됐든 자기 음악이 실제로 팔려나가는 걸 눈으로 확인하는 것은 중요한 경험이었다. 오지은 표현에 따르면 이는 1년 농사를 마친 뒤 배추를 트럭에 싣고 파는 농부의 보람과 다르지 않다. 창작자에게 보상이란 작품이 곧 재화가 된다는 것을 깨닫는 순간이자 앞으로 나아가는 추진력을 얻는 중요한 경험이다. 그리고 조금 잔인하지만 돈이란 프로와 아마추어를 나누는 기준이 되기도 한다.

　　나는 오지은과 만남을 앞두고 그간 했던 여러 인터뷰들을 추적했다. 1집이 나왔을 때 오지은은 어느 인터뷰에서 1집의 판매 수량을 2천 장이라 말했다. 2집이 나온 뒤에는 5천 장이라 했다. 여태까지 쌓인 누적판매량은 그때랑 또 다르다. 10년이 넘은 지금까지도 나가는 스테디 셀러라는 것인데, 가장 많은 이야기는 최초의 1천 장에 있다. UCC라는 표현이 등장한 시기 본의 아니게 딱 맞는 콘텐츠가 나왔다. 음악가라면 클럽에서 공연하면서 경험을 쌓아야 한다고 생각하기 마련인데, 오지은은 앨범 제작기를 게시판에 썼고 방에서 하는 라이브를 영상으로 올렸으며 방문객과 댓글로 또 후원으로 소통했다. 그렇게 해서 1천 장을 찍었는데, 700장이 나간 뒤 오지은의 사연이 네이버에 소개되자 남은 300장이 3일 만에 나갔다. 그런 폭풍을 책에 직접 적기를 "당혹감이 기쁨을 덮었다."[11]

그 300장을 마지막으로 오지은은 6개월간 추가생산을 안 했다. 확산에 대한 심리적 대비가 되어 있지 않았다. 네이버 효과로 호기심에 앨범을 산 사람이 열어보고 실망할까봐 두려웠다. 그야말로 민낯 같은 것. 그래서 친구랑 가족한테만 보여줄 수 있는 것, 그러니 소수만 공감해줄 수 있는 것, 따라서 몇 장 팔리지도 않을 앨범인데 지나치게 운이 따른 것이라 생각했다. 6개월이 지나서야 당혹감에서 약간 회복돼 홈페이지에 썼다. "혹시 지금도 원하는 사람이 있을까요?" 다시 찍어야 했다. 오지은은 그랬던 10년 전을 두고 "음악계가 그만큼 아름다웠던 시절"이라 말했다. 아름다웠던 "나의" 시절이라 말하지 않았다.

....

11　익숙한 새벽 세시 | 오지은 | 28쪽 | 이봄

설탕 한 스푼, 소금 한 스푼

2007년 발표한 1집과 2009년 2집은 한 몸 같은 앨범이다. 핵심적인 내용이 달라지지는 않았다는 것인데, 다만 조건이 많이 변했다. 오지은의 시적인 표현을 빌리자면 1집은 "이면지에 모나미 볼펜으로 그린 그림"에 가까웠는데, 2집은 "64색 팔레트가 주어진 상황"이 되었다. 레이블 해피로봇과 계약하면서 제작비가 나왔고, 덕분에 이이언과 공동으로 편곡할 수 있었고 정중엽이 기타를 쳤다. 그리고 그때 거의 모든 일간지와 고루 인터뷰가 이루어졌다. 1집 때는 안 찾더니 기다렸다는 듯이 1집만 얘기하는 게 조금 야속했지만, 그래도 상승하는 기쁨을 적당히 누릴 수 있었다. 앨범은 잘 나갔고 공연 일정과 매진 소식이 한 몸처럼 움직였다.

2013년 3집이 나왔다. 이미 준비하면서부터 서서히 상승하는 기운과 멀어졌다. 벼랑 앞에 선 것 같았다. 1집 및 2집과 맥락이 다르지는 않았고, 서사의 완성이자 한 시기가 끝난다는 부담을 안고 시작했다. 타이틀 곡은 '고작'이었고, 이십대에 몰입했던 미친 사랑이 삼십대에 와서 돌이켜보니 고작 한 줌에 지나지 않았다는 결론으로 마무리할 예정이었다. 네티즌들은 이런 노래를 '탈통곡'이라 부르고, 오지은의 3집 수록곡 일부 또한 '탈통곡 리스트'에 오르내린다. 고통에서 탈출한다는 뜻이다. 타버린 재를 어째야 하나, 이 회색 세계를 어떻게 완성해야 하나 싶어 출발부터 불안했는데 작업을 마쳤더니 음반 시장이 변해 있었다. 1집과 2집 같은 폭발적이고 즉각적인 반응이 돌아오지 않았다. 그런 기운이 부족한 앨범이라 스스로 생각하기도 했다. 회사에 더는 이익을 가져다주지 못하는 가수가 되면 어쩌나 고민하던 와중에 마침 전에 없던 전국 투어 일정까지 소화해야 했다. 많이 차지 않는 객석을 바라보면서 두 시간 동안 노래하는 것은 쉬운 일이 아니다.

3집을 둘러싼 변화 가운데에는 각종 매체를 통해 공개된 남자친구도 있었다. 누군가 말하기를 이별 노래 쓰던 여자 가수가 이제 뿔테 안경을 쓴 반듯한 팝 가수와 연애를 시작했으니 음악에 설탕 한 스푼이 들어갈 것이고 그러면 너는 끝이라 했다. 연애와 창작은 과연 한 몸일까. 창작은 그렇게 단순하지 않다. 그동안 고민해 온 고유의 비법으로 숨은 맛을 많이 넣어왔고 앞으로도 그럴 것인데, 사람들은 설탕 넣는다고 달라지고 소금 한 스푼 넣으면 맛이 달라진다고 생각하는 것 같았다. 창작자의 뿌리를 그렇게 얄팍하게 보는 것이다. 남자의 음악에도 연애가 이처럼 불리하게 작용할까.

3집은 오키나와에서 만들었다. '고작'의 가사도 거기서 나왔다. 다른 가사들은 여기저기서 나왔다. 흩어진 말의 조각을 수시로 아이폰에 메모해두는데 그걸 열기가 참 힘들다. 적나라한 생각과 마주하는 것도 피곤하고 가사로 쓸 가치가 없다고 깨닫는다면 그것도 김빠지는 일이다. 그래서 여행을 택했다. 아무리 고단하다 해도 거기까지 가서 그걸 안 열 수는 없다. 막상 가서 열어보니까 거기 하려던 말이 다 있었다. 그걸 열고 읽어보는 용기에 항공권이 필요했다. 사실 작업을 목표로 외국에 나간다는 건 피가 마르는 일이다. 아무리 싸게 가도 60-70만원을 쓴다. 그렇게 시간과 돈을 들여서 갔는데 가사 한 줄 못 적어왔을 때의 참담함은 정말이지 말도 못 한다. 돈 생각 안 할 수 없고, 가서도 쫓기는 마음이고, 목적이 분명하니까 여행도 제대로 못 한다.

탈진증후군

오지은은 음악가이자 작가다. 장르가 다른 만큼 각각 접근하는 방식도 다르지만 그래도 일하는 조건은 같다. 3집 작업을 목표로 오키나와에 갔던 것처럼 2018년 1월에는 새 책 작업을 앞두고 치앙마이에 한 달 있다가 왔다. 방구석 작곡가 시절을 졸업한 뒤 작업에 여행을 이용하게 되었는데, 거기까지 가서 아무것도 안 하면 내가 인간도 아니라는 생각으로 여장을 꾸린다. 즉 오지은에게 여행은 낭만이 아니라 마감이다. 누릴 수 있는 좋은 것 제쳐두고 스스로를 구석으로 밀어붙여 괴롭히는 나쁜 습관이다. 홋카이도 시절부터 이를 인지하고 의사와 상담했다면 일찍 꾸지람을 듣고 더는 안 그랬을 수도 있다. 그러나 그렇게 해서 정규 앨범과 프로젝트 활동을 포함해 다섯 장의 앨범을 내고 책까지 썼으니 어쩌면 필요한 과정이었을지도 모른다.

2015년 오지은은 병원을 찾았다. 책을 해야 하는데 한 바닥 쓰는 데 일주일이 걸렸고, 잠을 못 자 도저히 오후 약속을 잡을 수가 없었다. 일하는 방식을 달리 해야 하나 싶어 일하는 조건과 태도를 다 바꿔봤지만 노트북 앞에 앉기까지 일곱 시간을 썼다. 해야 하고 할 수 있는 일을 쉽게 수행하지 못한다면 일하는 방식의 문제가 아니라 질병일 것이었다. 그렇게 해서 만난 의사는 오지은에게 번 아웃 신드롬, 즉 탈진증후군이라는 진단을 내렸다. 오지은이 책에 직접 쓴 표현을 빌리자면 "탈진증후군 진단을 받은 사람들의 특징 중에 끝을 낼 수 없는 점이 있다. 만족을 하지 못하고 계속 엎고 엎고 더욱 탈진하는 것이다. 다르게 말하면 분수를 알라는 것이다."[12] '분수'를 깨달은 뒤 서서히 약을 줄였지만

....
12 같은 책 | 190쪽

최근 다시 복용량을 두 배로 늘렸다. 약은 감정의 과잉을 막아준다. 우울뿐 아니라 좋은 기분까지 차단하는데, 그래서 치앙마이 어땠느냐는 친구들의 물음에 만족할 만한 답을 주지 못한다. 빛과 색이 쏟아지는 다른 이들의 총천연색 여행 후기와 달리 처방받은 6주치 약을 들고 찾아간 오지은에게 치앙마이는 회색빛에 가까웠다.

예상한 작업량은 채우지 못했고, 다른 것만 열심히 썼다. '쓰는사람'이라는 트위터 계정을 새로 파서 그날의 작업량을 기록했다. 하루 30분 집중한 날 정도가 선방이다. 수잔 손택 정도까지는 아니더라도 읽을 가치가 있는 글을 써야 한다는 부담에 더 안 풀렸다. 치앙마이에서 복귀한지 보름이 지나 나를 만난 오지은은 사실 이런 상태에서 하는 인터뷰가 과연 올바른지 의심스럽다고 말했다. 앨범이 막 나왔을 때 쏟아지는 인터뷰랑 많이 다르다. 그런 때는 브리핑룸에 나온 연구원처럼 납득할 만한 작품 설명에 애를 쓰게 되는데, 그렇게 설명할 작품과 명분이 없는 상태에서 과거와 오늘을 이야기하는 것이 과연 적합한지 모르겠다 했다. 오지은은 그 와중에 비유의 달인이라 성적 안 나오는 사람 같다는 표현을 더했다. 공부한다고 독서실에 가 있지만 공부 안 하는 사람, 그게 자기라 했다. 책 출간을 기념해 내가 기획하게 될 공연을 제안했을 때도 비슷한 답이 왔다. 지금은 무대에 못 선다. 그때 가봐야 안다고 했다.

조금 일찍 병원을 찾아갔다면 달라졌을까. 십대 시절은 불가능했을 것이고, 이십대에 갔다면 아예 작품이 달라졌을지도 모른다. 감정이 날뛸 때 안정제를 먹었다면 못나왔을 노래들이 좀 있다. 그러나 이제는 먹어야 한다. 맨정신을 유지하기 어려운 세상에 우리는 살고 있고, 그 가운데 신경이 약한 사람은 결국 고꾸라진다. 그럴 때 "왜 그래?" 하면 망가지는 사람들을 말한다. 진단은 가까운 사람이 아니라 의사가 하는 것이다. 오지은은 정신질환자를 "캐주얼하게" 생각했으면 좋겠다고 말했다. 아픈 사람은 저마다 찾은 방식으로 스스로 치료에 힘쓰면서 사회에 잘 섞여 살고 있다.

언어의 마법사

코드를 만들고 멜로디를 찾은 뒤 거기에 말을 입히는 보편적인 곡 작업 방식과 달리 오지은은 가사부터 쓴다. 멜로디가 먼저 나오는 경우도 있지만, 대체로 쏟아지는 말을 모아 가사를 만든 뒤에 말에 맞는 멜로디를 짠다. 정식으로 음악을 배운 사람이 아니라서 그냥 나오는 대로 하다보니까 그렇게 쓰게 됐다. 사실 코드를 많이 모른다. 어찌어찌 쓰고도 코드 이름을 몰라 동료들한테 물어본 적도 있었다. 오지은은 그런 작곡의 방식을 "무식해서"라 말했지만 지식이 창작의 결과를 늘 좌우하지는 않는다. 오지은은 코드의 주인공이 아닌 곡의 주인공이다. 그리고 오지은은 선율 이전에 말과 글을 제대로 다룰 줄 아는 사람이다.

남은 것은 별로 없지만 어쨌든 대학에서 스페인어와 문학을 배웠다. 일본으로 건너가 어학연수 과정을 밟은 뒤 게임과 만화 등 각종 '덕질'을 통해 언어 능력을 강화할 수 있었다. 그간 머물렀던 여행지 대부분은 영어를 필요로 한다. 그렇게 습득한 언어 감각으로 이십대 시절 한국어 기사를 일본어로 번역하곤 했고 반대로 일본 문화 이야기를 국내 잡지에 썼다. 2008년 만화 〈토성맨션〉을 번역했고 수필집도 두 권 냈다. 그래도 언어는 어렵고, 오지은은 언어의 어려움을 활용해 글을 강화하는 작가다. 생각이 정리가 안 될 때면 외국어로 쓰거나 말하는 습관이 있다. 한국어로 쓰면 스스로를 속일 수 있는 장치가 많지만 일본어로 하면 솔직하고 단순해진다. 딱 핵심만 남는다. 일본 밴드 스피츠나 피치카토 파이브가 쓰던 서정적인 가사를 해석해 읽는 작업 또한 감수성과 표현을 다듬는 데 보탬이 되었다.

글과 음악은 다르다. 오지은의 표현을 빌리자면 음악

이 수영이라면 글은 잠수다. 풀어 말하자면 음악은 과잉된 감정 사이에서 쓸 만한 것들을 건져내는 작업이다. 반면 글은 감정이 가라앉은 상태에서 더 많이 가라앉히고 깎아야 하는 작업이다. 비트 제너레이션이 아니기 때문에 음악하는 식으로 접근해 감정이 폭발한 상태에서 글을 썼다간 다음날 다 지워야 한다. 그러니 둘은 같이 작업될 수 없다. 음악하는 시간과 글을 쓰는 시간을 나눈다. 지금은 글 쓰는 기간이다.

글은 희생이다. 음악을 덮고 써야 한다. 할 말이 있기 때문에 오지은은 쓴다. 〈홋카이도 보통열차〉는 천방지축 시절에 썼다. 〈익숙한 새벽 세시〉는 3집 대표곡 '고작'에서 이어지는 작품이다. 무언가를 만들고 이뤘다 해도 인생이란 그리 간단치 않다. 우리는 결국 황무지 앞에 놓인 존재인데, 누구나 꿈을 말하지만 꿈을 이룬 뒤에 마주하는 공허에 대해서는 아무도 말을 안 해 준다. 잘 못 지내던 시절의 이야기고, 그래서 하강에 초점을 두고 책을 했다. 에세이치고 어두운 책이 나왔다. 처음엔 출판사 측에서도 안 팔릴 책이라 예상했지만 2018년 현재 7쇄를 찍었다.

엄마가 될 수 있을까

마지막으로 가정을 물었다. 요새 책에 몰입하고 있기 때문에 살림은 배우자가 한다. 스윗소로우 출신 싱어 송라이터 성진환이다. 성진환이 〈나는 가수다〉에 출연하느라 정신 없었던 시기에는 오지은이 집안일을 담당했다. 둘이 같이 일해야 하는 기간에는 오지은이 여행을 간다. 2010년 만나 2014년 결혼한 둘은 놀랍게도 여태까지 다툰 일이 없다. 그러나 1년에 두 번 불편한 대화가 오간다. 명절이 찾아올 때면 각각의 역할이 분명해지기 때문이다. 아내는 페미니스트이고, 남편은 부모를 사랑한다. 그리고 남편은 결국 부모의 마음을 상하게 만든다. 제사와 차례는 사라지지 않았지만 성진환은 며느리의 관습을 따르지 않도록 중간에서 많이 노력하고 있다. 성진환도 처음에는 명절은 1년에 이틀뿐이니 괜찮지 않을까 생각했지만 이제는 그게 여성을 얼마나 파괴하는 일인지를 안다. 명절 노동을 하는 게 문제이기 이전에 시댁에 가자마자 부여되는 역할이 문제, 즉 시부모 앞에서 인간 오지은이 아니라 며느리가 되는 것이 문제라는 것을 인지한 것이다.

시댁에 가면 밥을 얻어먹으니까 설거지도 하고 과일도 깎는 게 당연한 일이라고 일단 오지은은 성진환에게 말했다. 그러나 그건 혼자 하는 일이 아니라는 것을 분명히 했다. 6:4, 즉 배우자가 더 많이 해야 한다. 그렇게 해서 성진환이 설거지하는 동안 오지은은 그릇 정리를 거들었는데, 그런 일이 있은 뒤 시부모는 식기세척기를 샀다. 그런 결정 앞에 충분한 대화가 이루어지는 것이 바람직할 텐데 부모가 꺼린다. 너희들이 그렇게 사는 건 어쩔 수 없지만 우리를 바꾸지 마라 한다. 기성세대의 보편적인 사고방식을 이해하지만, 그러나 오지은은 "며느리 머신"이 될 수 없다. 그건 영혼이 파괴되는 일이다. 명절을 마치고 부산 앞바다가 보이는 전망 좋은 호텔에서 쉬는 것을 대안 삼기도 했지만 그건 올바른 해결이 아니었다. 오지은은 결국 용서받을 것이 없는 데도 어른이 용서해야 하는 며느리가 되었다. 마감 때문에 명절을 쉬어가는 며느리가 되었다. 성진환은 중간 역할을 한다. 오지은과 시부모의 다툼이 되지 않도록 모든 대화를 직접 푸는 것이다.

요새 둘은 아이 이야기를 많이 한다. 결혼 전부터 엄마라는 미래를 꽤 구체적으로 생각해왔지만 한편으로는 엄마가 되는 순간 음악이 사라질 것을 두려워했다. 음악 앞에서는 이기적이고 괴팍한 존재가 되는데, 아이 앞에서 예민한 엄마라는 것은 용납되지 않는다고 생각했다. 결혼하고 나서 출산 계획을 보다 구체적으로 고민하기 시작하자 그런 두려움조차 우스워졌다. 먼 일로 여겨 그렇게 속 편하게 생각할 수 있었지 아이와 함께 사는 친구와 동료가 겪는 과정을 지켜보니 대가가 너무 크다. 오히려 창작에 대한 감각이 사라졌을 때 돌파구로 임신할 수 있겠다는 일차원적인 생각에 이를 정도다. 출산의 본질이란 육아라는 고된 노동 이전에 20년 이상 같이 살아야 하는 인연이 생기는 일이다.

오지은의 표현에 따르면 성진환은 "태양 같은 사람"이다. 어딜가나 따뜻하게 인사할 줄 알고, 체력도 좋은 데다 반복적인 일을 잘 하니 아이가 생긴다면 아마도 양육은 그에게 보다 적합할 것이다. 그러나 오지은은 그런 양지 아래에서 숨을 곳을 찾는 "그림자 같은 사람"이다. 아이를 거부하겠다는 뜻은 아니다. 반반이다. 다만 유예되고 있을 뿐이다. 일단 책을 써야 하니까, 앨범을 내야 하니까, 번역을 해야 하니까, 또 약을 먹어야 하니까. 나는 태양 같은 사람이라는 시적인 배우자 소개에 몹시 감동했지만 사랑에 관한 충만한 이야기를 듣지는 못했다. 사랑이 있어야 할 자리를 아직 되지 않은 엄마의 걱정이 덮었다. 삼십대 후반 일하고 창작하는 기혼여성과 나누는 대화는 그렇게 마무리되고 만다.

오지은의
페미니즘 교과서

크레이지 엑스 걸프렌드(2015~)

레이첼 블룸 연출 및 출연

"넷플릭스로 봤다. '구여친'이라는 캐릭터를 그간 매체에서 어떻게 소비했는가를 살펴볼 수 있는 작품이다. 타이틀에 이런 이야기가 나온다. "침대에서 미친 여자는 누구나 좋아하지만 실제 미친 여자는 다 싫어한다." 그런 류의 맞는 말들이 계속해서 쏟아져 나오는 경쾌한 코미디다. 동시에 정신질환 치료과정이다. 진짜로 미친 사람은 어떻게 살아야 하는가에 대한 답을 준다. 그리고 젊은 여성이 만든 작품이다. 내가 속한 세대들은 남자들과 싸우느라 상당한 에너지 손실을 겪었다고 생각한다. 남자들만큼 할 수 있다는 걸 증명하느라 애를 써왔으니까. 이건 그 다음 세대의 이야기다. 힘 빼고 경쾌하고 자유롭게 자신의 이야기를 한다."

"단 한 번도 원한 적
없었던 그 이름"

요조 목소리를 찾은 구 홍대 여신

본명 신수진. 1981년생. 허밍 어반 스테레오에 이어 소규모아카시아밴드를
통해 노래를 시작했고, 〈Traveler〉(2008)로 데뷔한 뒤 〈나의 쓸모〉(2013)를
발표했다. 노래 말고도 한 일이 많고 할 일이 많다. 책 출간을 비롯해 영화
출연 및 연출 경험이 있고, 2015년부터 독립서점 책방무사를 운영하면서 다
양한 책을 소개하고 있다.

twitter.com/mayonnaizoh
instagram.com/mayonnaizoh
facebook.com/yozohschool

만나기로 한 날이 되었다. 약속한 장소 저 멀리 화려한 옷과 머리를 한 여성이 눈에 들어오길래 나는 그녀가 요조라고 확신했다. 다가가자 아름다운 그녀는 시야에서 사라졌고 붙잡으려 전화하자 진짜 요조가 나타났다. 진짜 요조 앞에서 좀 당황했다. 촬영한다고 사전에 말했는데 '홍대 여신'은 목에 파스를 잔뜩 붙이고 나를 만나러 왔다. 손에서 시작된 통증이 어깨까지 올라와 병원에 다니고 있다 했다. 일단 건강을 염려하면서 대화를 시작했지만 내색하지 않았을 뿐 마음 한구석에서는 사진을 걱정하고 있었다. 못났다. 여성에 대한 사회적 기대가 왜 문제인가를 나누고자 요조와 만남을 청한 것이었는데, 나도 결국 그 잘못된 신화에 기여한 모자란 인간이라는 것부터 자각해야 했다.

요조를 바꾼 말

연초 여성신문에서 진행한 요조의 인터뷰를 하나 읽은 나는 다음날 아침 바로 연락해 만남을 청했다. 기사를 통해 요조가 말하기를 지난 10년간 홍대 여신이라 불릴 때마다 막연히 불쾌했는데 페미니즘을 알고 나니까 불쾌함의 이유를 알게 되었다고 했다.[13] 힘 있는 말은 후회와 걱정을 남긴다. 요조는 인터뷰를 마친 뒤 누군가 그 말을 오해할까봐 두려웠다. 그러나 긱징과 딜리 기사가 공개되자 돌아온 반응은 공감과 이해였다. 혹은 오해와 사과였다. 그리고 나는 요조의 목소리로부터 만남을 제안할 용기와 기회를 얻었다.

요조의 인터뷰가 있기 직전 여성신문은 오지은이 쓴 글을 실었다. 오지은은 논설을 통해 홍대 여신이란 혐오 표현이라 주장했고[14] 요조도 그걸 읽었다. 동료가 나서서 여성 음악가를 둘러싼 차별과 혐오를 말해주는 것이 고마우면서도, 한편으로는 "당사자인 내가 그렇게 말하면 또 욕을 먹겠지?" 하고 스스로를 검열했다. 그런 마음의 갈등을 요조는 앞으로도 당분간은 겪을 것이다. 그러나 요조는 그날 이후

....

13 "홍대 여신이 왜 불쾌한 명칭인지 알았죠" | 여성신문 | 2018년 1월 7일

14 홍대 여신은 혐오다 | 여성신문 | 2018년 1월 4일

로 조금 더 강해진 것 같다. 자신을 이해하는 사람이 있고, 오지은 이전에도 있었을 것이며, 그러니 자신도 목소리를 내야 한다고 생각했기 때문이다. 불과 몇 년 전 이런 이야기를 털어놨다면 배부른 소리라고 또 욕을 먹었을지 모른다. 그런데 이제는 수용되는 분위기가 만들어졌다. 그런 변화가 요조는 반갑고 또 고맙다.

10년 전 처음 홍대 여신이라는 표현을 접했을 때만해도 요조는 머쓱해서 웃었다. 라디오에서 장난처럼 나온말로 알고 있다. 심지어 그 말을 요조 지인이 라디오에 나와서 하는 바람에 확산되었다는 것도 알고 있다. 그러나 장난이 오래 갔다. 홍대 여신 얘길 면전에서 하는 사람이 점차 늘었다. 처음엔 겸손한 반응을 돌려주거나 화제를 돌리기에급급했지만 그것도 곧 힘들어졌다. 예쁘지도 않은데 무슨여신이냐는 비아냥까지 따라왔다. 그렇다고 불쾌하다고 말하기는 더 어려웠다. 칭찬인데 왜 화를 내느냐 했다. 언론은이름이든 별명이든 뭔가 붙이고 더하는 걸 좋아한다. 별명은명쾌하고 입에 붙을수록 오래 가고 언론의 반복을 통해 더공고해진다. 어느 문학평론가가 말한 것처럼 "우리가 특정한존재에게 짧은 이름을 붙이려고 하면 할수록 우리는 더 많이 폭력적인 존재가 되는 것일지도 모른다."[15] 그 이름은 요조한테 너무 많은 것을 바꿔놓았다.

그 수식에서 벗어나려고 별 걸 다 했다. 무대에 설 때면 일부러 과감한 스타일링을 시도했다. 진하게 화장했고, 그물 스타킹을 신고 카우보이 모자도 써봤다. 무섭게 보여야 할 것 같아서 그랬다. 반대로 일부러 화장 안 하고 무대에 선 적도 많다. 외모가 부각되지 않게, 최대한 수수하게 보이도록 애쓴 것이다. 화장이나 의상 말고도 노래하는 표정과 제스추어까지도 어떻게 하면 예쁘지 않게 보일 수 있을까를 고민하면서 무대를 기다렸다. 무대 위에서 잘 보이고 싶은 건 당연한 욕구인데 그것조차 싫었다. 조금이라도 멋 부려서 무대에 오르면 그 수식이 더 강화될 것 같았다. 몰려다니면 더 강화될 테니 한희정과 타루 등 거기 묶이는 동료들과 일부러 거리를 뒀다. 겁이 나서 말을 많이 섞지 못했던 동료들 또한 비슷한 고민으로 긴 시간을 보냈을 것이라고 요조는 생각한다.

페미니즘 전에는 팔자가 있었다

　　그냥 그 일이, 그러니까 홍대 여신이라 낙인되는 사

....
15 신형철 | 정확한 사랑의 실험 | 35쪽 | 마음산책

건이 인생에서 일어나버렸기 때문에 이렇게 살아버렸다고 요조는 체념해왔다. 그런데 페미니즘을 발견하자 잃어버린 10년이 한꺼번에 설명되었다. 스스로가 잘못된 게 아니라 그 수식 자체가 문제 있는 시선에서 나왔다고 페미니즘이 일깨워준 것이다. 그 말이 왜 그토록 싫었는지, 그렇게 불리는 것에 왜 그토록 겁을 먹었는지 깨닫고 나니까 후련하긴 한데 사실 좀 분하다. 서글퍼지기도 한다. 무대가 직장이니 무대 아래에서보다 더 나은 모습으로 보이고 싶은 건 자연스러운 욕구인데 그걸 애써서 피해왔다는 것이 화가 나서 가만히 있을 수가 없다. 나서서 자기 얘길 하는 게 여전히 겁이 나긴 하지만 그래도 목소리를 내야 10년이라는 자신의 시간을 보상받을 수 있을 것 같다. 그래야 행복 비슷한 것을 찾게 될지도 모른다.

　　　그러나 진정한 행복을 찾으려면 먼저 괴로운 과정을 통과해야 한다. 페미니즘은 나의 인생을 통째로 돌아보는 일이다. 내가 여성으로 겪은 억울함의 역사를 나열하다 보면 남성 중심 사회의 일원으로 살면서 저질러왔던 나의 과오를 필연적으로 마주하게 된다. 언젠가 라디오 디제이로 활동했던 요조는 게스트로 출연한 무키무키 만만수를 만났던 일이 있다. 그때 입에서 나온 자신의 문장이 정확하게 떠오르진 않지만, 완곡하게 말하려고 노력했던 것 같긴 하지만, 어쨌든 무키무키 만만수의 음악이 일반적인 남성의 눈에 봤을 때 친절하지 않다는 얘기를 했던 것만큼은 생생하게 기억난다. 원하지 않는 평가의 프레임에 갇혀버린 자신이 늘 부당하다고 생각했는데, 자신 또한 동료 여성을 남성의 관점에서 평가한 것이다. 미안한 친구가 또 있다. 글 쓰는 친구가 성폭력을 겪었다. 폭로하고 싶다고 했던 친구를 요조는 적극적으로 지지해주지 못했다. 이제는 그토록 싫어하는 그 말 "좋게 좋게"가 아무래도 입에서 나왔던 것 같다.

페미니즘에 눈을 뜨면 강해시시만 그만한 부끄러움도 함께 따라온다. 요조는 그간 명예남성으로 저질러 온 실수와 속죄 생각이 머리를 떠나지 않는다. 그러나 올바르게 사과하는 방법을 잘 알지 못한다. 나만 편하자고 하는 사과라면 내가 나를 용서하는 기만이니까 실수든 잘못이든 잊지 않기로 한다는 것이 당장 내릴 수 있는 결론이지만 적절한지는 잘 모르겠다. 페미니즘에 눈을 뜨고 이런 죄책감에 몸부림치는 여성이 자기 말고도 여럿일 거며 그래서 여자는 참 불쌍한 존재인 것 같다고 요조는 말한다. 페미니즘이 각성한 여성을 어쩌면 더 괴롭게 만든다. 몸으로 겪어왔던 걸 생각하니 불쌍하고, 미안한 대상을 찾아내고 기억하느라 또 불쌍하다.

페미니즘을 몰랐던 시절 요조가 느끼는 문제의식을

정리할 방법이 있긴 했다. 팔자다. 요조는 어딜가나 항상 대접받았다는 것을 인정한다. 음악하는 사람으로 대우를 받는 것이 아니었다. 음악을 하는 예쁜 여성, 그래서 넘볼 여지가 있는 대상으로 취급받는다는 느낌을 늘 지우기 어려웠다. 요조는 누군가 자신을 두고 예쁘다 할 때나 외모를 거론하는 기사를 볼 때면 그게 어떤 의도에서 나온 말인지를 오래된 감각으로 알아본다. 육감은 매번 틀리지 않았다. "그날 요조 데려갈게요. 같이 만나요." 어떤 유명인을 만나기 위해 요조를 이용하는 동료까지 있었다. 긴 시간 요조의 음악을 물은 뒤에 성형수술 여부로 인터뷰를 마무리한 어느 음악 평론가도 잊혀지지 않는다. 요조가 그간 겪었던 일들의 역사는, 솔직히 숨이 막힌다. 단순히 공감하고 화를 내는 것만으로 마음이 채워지지 않는 폭발의 일화들로 주어진 분량을 채울 수 있을지도 모른다. 요조는 그게 자신의 인생이고 팔자라 받아들였다. 그렇게 말해야만 모든 게 해결되는 것 같았다.

그게 노래가 될 줄

처음 노래했을 때만 해도 그런 팔자를 예측하지 못했다. 대학생 시절 아르바이트하다 만난 친구가 실은 음악을 한다면서 가이드 보컬을 부탁하기에 재미있을 것 같아 해봤는데, 가이드 보컬이란 최종 녹음이 있기 전에 작곡가가 만든 노래를 임시로 불러주는 일을 말한다. 나중에 집 우편함에 도착한 앨범을 열어봤더니 친구가 그걸 요조한테 묻지도 않고 내버렸다. 자의 아닌 타의로 목소리 데뷔를 하게 된 셈인데, 이어서 도넛 매장에서 아르바이트하던 요조가 매장 스피커에서 자신의 목소리를 들었을 만큼 그 노래는 유명해졌다. 그러다보니 요조의 목소리를 아는 사람들을 관찰하게 되었다. 도넛을 입에 문 고등학생이 밀하기를 목소리가 좋다고 했다. 이전까지 제대로 불러본 적이 없고 잘한다는 평가도 없었던 까닭에 이상하고 신기한 반응이라 생각했다. 요조의 강제 데뷔를 이끈 문제의 친구는 허밍 어반 스테레오 이지린이고, 문제의 노래는 '샐러드 기념일'(2005)이다. 그때는 상의도 동의도 없이 왜 그랬을까 야속해 했지만 오해를 풀고 이렇게 시간이 흐르자 고마운 마음이 더 크다. 이지린 덕분에 지금의 요조가 있을 수 있었다. 경력과 인생에 결정적인 역할을 한 친구다. 그때 요조가 이지린한테 고양이를 맡겼는데 지금까지 잘 돌보고 있다. 그래서 더 고맙다.

친구 덕분에 노래에 따르는 반응을 만나는 게 즐겁기는 했지만 노래가 막 거창하게 운명이고 숙명이라 여기지는 않았다. 그래도 재미있는 1회성 경험으로 그칠 게 아니라 좀 더 진지하게 파볼까 마음먹는 동기 정도는 되었다. 그때부터 음악을 하고자 하는 친구들이 하는 걸 다 해봤다. 오디션을 봤고 회사에 들어갔으며 데뷔와 활동을 준비했다. 음악도 영화나 책 같은 다른 분야의 기획과 마찬가지로 언제나 초기 계획대로 착착 실행되지는 않아 벌이고 엎어지는 일을 계속해서 겪던 중에 회사를 통해 공일오비와 연결돼 7집(2006)에 실린 '처음만 힘들지'를 부를 기회를 얻었다. 요조는 스튜디오를 찾아간 날 마이크 앞에서 긴장을 잔뜩 안고 생각했다. "나는 아무것도 아니다." 그리고 그 유명한 정석원 앞에서 자신이 아무것도 아니라는 걸 더 잘 알게 되었다. 서열을 깨닫는 순간이기도 했다. 요조는 음악하는 사람으로 전혀 존중받지 못했다. 그래서 더 겁먹고 녹음했다.

그 무렵 소규모아카시아밴드의 공연에 갔다. 뒤풀이 자리에 따라갔다가 가까워진 뒤 얼떨결에 소규모아카시아밴드의 작업에 보컬로 참여하게 되었다. 그렇게 해서 앨범 〈요조 with 소규모아카시아밴드〉(2007)가 나왔고, 공연이 이어지면서 무대 생활에 익숙해지기 시작했다. 그해는 2007년이다. 요조 신수진의 동생, 열아홉 살 신수현이 사고로 떠난 해다. 요조는 장례식장에서 활약하는 시끄러운 친구들 얘기를 꺼냈다. 일부러 정신을 쏙 빼놓는 친구들, 가장 슬프고 경황없는 시기에 감정과 피로에 매몰되지 않게 소란스러운 분위기를 만들어주는 고마운 친구들이 그때 요조 곁에 있었다. 음악해야지, 공연해야지, 너의 일을 해야지 하고 부추기는 친구들이 없었다면 굉장히 무력한 시절을 보냈을 테지만 덕분에 공백 없이 그 시기를 잘 통과한 것 같다고 요조는 말한다. 그리고 동생은 훗날 음악이 되었다. 죽음은 음악뿐 아니라 글이나 영화 같은 다른 창작 활동에 있어서도 요조한테 떨어지지 않는 중요한 주제가 되었다.

원하는 노래를 알았다

다음 앨범은 직접 해보는 것이 어떻겠느냐 소규아카시아밴드 김민홍이 제안했다. 무대를 기웃거리긴 했지만 곡을 쓴다는 것은 전혀 공부한 적이 없는 분야였고 그때까지 요조는 기타를 칠 줄도 몰랐다. 그런데도 할 수 있을 것이라고 주변에서 말했다. 일단 어머니로부터 기타를 배웠다. 스물일곱 살이었다. 이어서 더듬더듬 가사도 쓰고 곡도 써봤다. 그렇게 해서 1집 〈Traveler〉(2008)가 나왔다. 과연 노랫말을 쓸 수 있을까, 작곡이라는 것을 할 수 있을까 하는 확신 없는 태도로 시작했으니 앨범을 통해 전달하고자 하는 메시지도 당연히 없었다. 주변에 의지하고, 소속사 사장과 동료가 "이런 느낌으로" "이렇게" "그거 말고" 하는 주문만 따르느라 바빴다. 그러니 정체성이라는 것이 없는 앨범이라고 요조는 말한다. 그런 걸 생각할 겨를도 없이 만들었다.

앨범을 내고 공연을 하니까 그때서야 자신의 성격을 알았고 갈망하는 이야기가 무엇인지도 알게 됐다. 다섯 곡을 실은 EP 〈우리는 선처럼 가만히 누워〉(2010)는 그렇게 자신을 파악하기 시작했을 때쯤 나왔다. 회사는 이윤을 따른다. 회사에서 봤을 때 요조라는 인물의 상품성이라는 것은 외모에서 나오는 그런 것, 혹은 목소리가 줄 수 있는 사랑스럽고 귀여운 이미지였다. 그러나 요조의 노래는 계속 슬퍼졌고 무거워졌다. 그때는 꾸밈 노동이나 미적 압박 같은 말을 몰랐지만 어쨌든 홍대 여신이라는 부담스러운 굴레에 갇힌 이상 꾸밀수록 좋을 게 없다는 것은 알았다. 그렇게 선회하면 사람들이 좋아하지 않을 것이라 말하는 소속사와 부딪히는 일이 늘었고, 불만과 간섭 사이에서 겨우 찾은 절충의 결과를 마지막으로 요조는 회사와 작별했다.

요조의 두 번째 앨범 〈나의 쓸모〉(2013)를 듣고 꽤 놀란 기억이 난다. 내가 착오로 잘못 재생한 앨범이 아닌가 했다. 이전까지 알고 있었던, "내 이름은 요조"라 소개하는 친절한 요조는 거기 없었다. 누군가는 "팬을 물갈이한 앨범"이라 말했다. 이전까지 달달한 팝을 노래하던 요조는 록커가 되었고, 가사는 물론 멜로디를 쓰는 방식도 송두리째 달라졌다. 전에 발표한 데뷔 앨범이 요조라는 페르소나를 만들어 연기한 결과였다면, 〈나의 쓸모〉에선 그간 몰랐던 생생한 인물 신수진이 튀어나왔다. 돌변의 배경을 듣자 하니 요조는 회사를 나와 9개월 정도 혼자 곡을 쓰고 노래했다. 행복했다. 소속사가 원하는 음악과 자신이 원하는 음악이 이렇게 다르다는 것을 분명하게 알았고, 제재가 따르는 것이 싫어졌다. 그러다 동료 옥상달빛을 통해 새로운 소속사 매직 스트로베리와 연결됐다. 계약에 앞서 요조는 명확한 조건을 제시했다. 음악에 전혀 간섭하지 않았으면 좋겠다 했다. 회사는 약속을 지켰다.

유일하게 소속사 입김이 작용한 결정이 있다. 앨범의 앞면이다. 요조는 얼굴이 실리지 않기를 간절하게 원했다. 그때는 홍대 여신이라는 규정에 대한 피로가 극에 달해 있었고, 1집으로부터 5년의 공백이 있었다. 차라리 잊혀지는 게 낫다고 생각했다. 그래야 원하지도 않았던 신전에서 빠져나와 새롭게 출발할 수 있을 것 같았다. 음악도 완벽하게 방향을 틀었고, 그런 의미에서 얼굴을 드러내지 않는 것이 맞다고 생각했다. 그러나 회사에선 만장일치로 요조의 얼굴을 써야 한다고 말했다. 결과는 양측의 타협이다. 요조의 측면 사진을 쓰되 페인트로 살짝 지우는 것으로 마무리되었다.

반응은 확실히 달랐다. 앨범은 전에 비해 사람들 사이에서 회자되지 않았고 인터뷰도 확 줄었다. "거봐. 너는 이렇게 해야 한다니까?" 누군가는 잘못된 선택이라 했지만 뒤늦게 맞는 옷을 찾은 데다 음악가로 할 수 있는 중요한 고민과 자신감까지 얻었다고 생각하는 요조는 지금까지 후회를 모른다. 이전까지 요조의 음악을 좋아한다는 사람을 만나면 요조는 남 얘기 취급하고 딴소리했다. "그죠? 좋다고 하더라고요." 자신의 음악을 좋아한다는데 그럴 때마다 요조는 부끄러웠고 왜 부끄러운지를 알지도 못했다. 하지만 2집에 대한 반가운 반응을 만나면 진심을 담아 "고맙습니다" 한다. 나도 몇 번이고 들었던 말이다.

저조한 반응은 괜찮다. 하지만 홍대 여신이라는 유령은 사라지지 않았고 뭔가를 또 붙여 나타났다. 긴 공백 끝에 전환의 작품으로 복귀했으니 이제는 잊혀졌겠거니 했는데, 그렇게 시간이 흘러서인가 '원조' 홍대 여신이라 했다. 족발집인가 싶었다. 그 지겨운 수식어를 사랑하기로 마음먹고 열심히 하든지, 아니면 입장을 분명하게 하고 넘어가지 않으면 안 될 것 같았다. 그 무렵 요조는 어느 방송에서 족발 얘길 직접 한 적이 있다. 마음이 잘 전달되었는지는 잘 모르겠다. 요조는 또 체념했다.

음악 말고 책과 글 기타 등등

　2집을 발표한 뒤 어느 출판사에서 연락이 왔다. 악보집을 내자 했다. 앨범이 많이 나온 것도 아니고 악보집이 과연 누구한테 의미가 있을지도 알지 못했다. 잘 이해되지 않는 기획이라 전했더니 출판사가 말하기를 악보집의 경우는 음악가의 동의 없이도 나올 수 있다고 했다. 그럼 차라리 개입하는 게 낫겠지 싶어 악보 사이사이에 노래를 만들게 된 배경을 에세이로 정리해 끼워 넣자 역으로 제안했고, 그렇게 해서 2013년 〈요조, 기타 등등〉이 출간되었다. 출판사에서 정한 일정을 따라 6개월간 원고를 썼다. 그동안 경험했던 모든 분야에 있어 성실과 거리를 꽤 많이 두고 살아왔다 생각했는데, 긴 호흡으로 글을 쓰려면 그게 필요하다는 걸 그때 알았다. 그게 얼마나 어려운지를 분명 깨달았는데 몇 년 지나 똑같은 일을 또 저지르게 되었다.

　책이 한 권 더 나왔다. 2017년 말 출간된 〈눈이 아닌 것으로도 읽은 기분〉으로, 그해 상반기에 읽었던 책을 매일매일 기록한 책이다. 요조는 음악가인 동시에 책방무사를 운영하고 있는 동네서점 사장이라서 매일매일 책을 소개해야 하고 그러려면 매일매일 읽어야 한다. 어느 출판사에서 매일 읽는 책을 기록해서 책으로 낼 것을 제안했을 때, 가능한 조건이긴 했어도 "그게 책이 된다고?" 하고 또 의심하면서 또 받아들였다. 어렵지 않을 거라 착각했던 까닭에 그해 1월부터 6월까지 요조는 지옥 같은 시간을 보냈다. 매일 읽는 것과 매일 쓰는 것은 다르다. 창작의 고통보다 더한 고통을 알았다. 성실의 고통이다. 쓰는 것에 지쳐서 퇴고도 제대로 못 했다. 사실 뭘 썼는지도 기억이 안 난다. 완전 날 것에 가까운 원고라고 요조가 강조하자 나는 내가 갖고 있는 책을 보여줬다. 도그지어가 잔뜩이다. 상단에 접힌 귀는 내가 요조를 이해한 과정이고 하단의 귀는 요조의 추천 덕에 내가 사야 할 책이라 설명했다. 요조는 또 남의 것 바라보듯 한다.

책을 하기 전에도 글을 쓸 기회는 조금씩 있었다. 지면을 열어 준 사람이 있었고 원고를 보냈더니 또 써달라 했다. 대학 시절 학과 수업은 거의 안 듣고 도서관에서 꽤 긴 시간을 보냈는데, 한 작가에 꽂혀 전집을 섭렵하기를 반복하면서 조금씩 문체도 따라해봤고 그러면서 표현과 어휘를 다르게 쓰는 법을 익힌 것 같다. 거절을 잘 못하는 요조는 청탁과 수락 뒤에 찾아온 후회로 마감 직전까지 잠 못 자는 날도 많았다. 왜 한다고 했을까. 전문 작가들만한 기술이 없어 분량을 채우려면 요조는 더 많은 시간을 써야 한다. 요조는 그 과정을 노력, 그리고 삽질이라 표현했다. 그러나 고통은,

그리고 고통 끝에 찾아오는 쾌감은 중독이다. 그리 고생해 쓴 것이 활자가 되어 종이에 찍힌 걸 보면, 손맛을 한 번 보면 다시는 전으로 돌아가지 못한다는 낚시꾼을 이해하게 된다는 것이다. 요조가 글로 사람을 낚는 솜씨는 꽤 준수하다. 후루룩 잘 읽힌다. 군더더기가 없다. 나중에 다시 읽고 덜 부끄러우려면 멋을 부리지 말아야 한다는 것을 요조는 알고 있다.

책과 글 말고도 할 얘기는 많다. 요조는 영화에 출연한 적이 있다. 소규모아카시아밴드 시절 찍었던 다큐멘터리가 하나 있고, 〈카페 느와르〉(2010), 〈조금만 더 가까이〉(2010), 〈여자들〉(2016)에서 배역을 맡았던 적도 있다. EP 〈나는 아직도 당신이 궁금하여 자다가도 일어납니다〉(2017)를 준비하면서 노래와 연결되는 단편영화를 공동으로 감독하기까지 했다. 라디오 디제이도 했고 팟 캐스트도 꽤 오래 하고 있다. 책방을 내면서 그 김에 출판사도 냈고, 동화책을 기획해 펴낸 적도 있다. 뭐가 정말 많다. 재주가 많아서 좋겠다는 이야기를 가끔 듣는데 그런 민망한 말 앞에서 답하는 방법을 이제는 안다. "운이 좋았어요." 음악을 하다보니까, 또 음악으로 이름을 얻으니까 만나는 사람이 많아졌고 여러 업계에 종사하는 다양한 동료들은 낯설지만 흥미로운 기획을 요조에게 들이밀었다. 들어보니 재미있게 할 수 있을 것 같았다. 그러다보니 뭐가 많아졌다. 재능은 여전히 잘 모르겠고 그저 운이 좋아서 할 수 있었던 일이다.

요조라서 유리했을까

　　요조는 2015년 책방무사를 열었다. 그해 북촌에서 시작했다가 2017년 여름 제주도로 옮겼다. 어린 날부터 책이 좋았다. 집 앞 동네 서점이 생각난다. 서점이 직장이라면 책에 파묻혀서 하루 종일 좋아하는 책을 마음껏 볼 수 있을 것 같았다. 지금은 책방의 현실을 알고 요조가 책방하는 걸 달갑게 여기지 않는 시선이 있다는 것도 알지만, 준비할 때는 선망했던 책방을 연다는 것에만 들떠서 그런 생각을 못했다. 그저 좋아하는 책을 나누는 가치 있고 행복한 미래에 요조라는 이름이 적절한 역할을 할 것 같았다. 그러나 3개월쯤 접어들었을 때 그런 자신감은 무너졌다. 뒤통수를 맞은 것 같았다. 홍대 여신 요조의 책방이란 유리한 조건이 절대로 될 수 없었다.

　　책방을 오가는 사람들은 책방에 기대하는 분위기가 있다. 책을 다루는 곳이니 차분하고 고요하고 안정된, 그래서 심신이 편안해지는 공간을 원한다. 그러나 그런 분위기가 책방무사에서는 잘 안 만들어졌다. 책이 있어서가 아니라 요조를 보러 온 사람들로 북적거렸다. 마침 요조가 JTBC 〈김제동의 톡투유 - 걱정 말아요 그대〉에 출연하고 있던 때라 더 알려졌는데, 요조는 그때 김제동이 얼마나 대단한 사람인지를 알았다. 사람들은 김제동으로부터 편안한 친구 같다는 인상을 받고 그래서 어쩌다 만날 때면 그 마음을 숨김없이 드러낸다. 그런데 제삼자의 눈에 그건 친근하다고 느껴서 나오는 표현이 아니라 폭력으로 보일 때가 많다. 김제동은 아주 가끔 그게 힘들다 호소하지만 대체로 감내하는 편인데, 요조도 "제동오빠에 비할 바는 아니지만" 서점이라는 열린 공간을 운영하면서 똑같은 걸 겪었다. 사인을 받고 싶고 사진을 함께 찍고 싶다면 일단 의사를 물어야 하는데 빨리 나와서 우리랑 사진을 찍어라 하는 걸 당연하게 여기는 사람들이 자주 찾아왔다. 차를 내오라던 나이 지긋한 남자가 다시 서점 문을 열자 화장실에 몸을 숨겼던 적도 있다.

그 상태가 4-5개월 지속되자 그만두고 싶어졌다. 그럴 수 없었다. 책방을 열자 엄청나게 인터뷰가 이어졌다. 데뷔하고 앨범을 냈을 때 이루어진 모든 인터뷰를 합한 것보다 더 많이 했다. 하루에도 몇 번씩 했다. 그렇게 말하고 다녔는데 몇 달만에 그만두는 게 너무 쪽팔렸다. 이러지도 저러지도 못하는 와중에 자존심까지 무너지지는 않아서 그때 병원에 꽤 드나들었다. 상담받고 약 먹으면서 버텼다. 공포와 마주한 뒤 책방에 대한 핑크빛 환상에만 젖어 있던 날을 후회하면서 CCTV도 설치했다.

9개월쯤 지나서는 허들을 넘은 것 같았다. 2년짜리 점포 계약을 맺고 시작한 일이었고, 그때까진 죽이 되든 밥이 되든 버텨야 한다고 끝을 정해놨더니 할 만해졌고 무례한 사람한테 대처하는 요령도 생겼다. 요조를 보고 인스타그램에 올리려고 사진만 찍고 가는 사람들이 아니라 책이 좋고 또 요조가 고른 책을 믿고 찾아온 사람들도 차차 만났다. 오래 잊고 지냈던 책벌레 고교동창까지 찾아왔다. 그런 경험이 쌓여 책방을 계속 운영하고 싶어졌고 그만두지 말아야 한다는 생각으로 발전했다. 폭풍이 지나가고 거품이 빠져 마음의 안정이 찾아오자 그때부터 현실적인 문제들을 실감하게 되었다. 사람들은 책을 잘 사지 않는다. 동네책방에선 더욱 사지 않는다.

비공식 책방연대 사이에서

요조는 언젠가 책을 다루는 월간지에 기고한 적이 있다. 도착한 잡지를 열어봤더니 편집부에서 글쓴이를 '신수진

(책방무사 운영, 뮤지션)'이라 적었다. 좋았다. 음악과 책을 동등한 무게로 인식해준 것 같아서 그랬다. 즉 책방무사 운영은 요조에게 음악에 준할 만큼 중요하고 핵심적인 일이다. 그래서 할 수 있는 한 오래 유지하고 싶다. 요조는 2017년 가을 여성환경연대에서 주최한 에코페미니스트 컨퍼런스 '세상을 뒤집는 다른 목소리'에 참여했다. 가수 요조가 아닌 책방무사를 운영하는 '요사장'으로 무대에 섰다. 그날 강연을 정리한 기사를 잠깐 인용하자면, "사람들은 동네에 이런 아기자기한 서점 하나쯤 있는 걸 보기 좋아하지만 막상 책은 대형 온라인 서점에서 사요. 잘못된 것이라고 할 순 없지만, 여러분이 살고 있는 동네에 사람들을 따뜻하게 해주고 기분 좋은 하루를 선물하는 가게들이 어떻게 하면 오랫동안 자리를 지킬 수 있을까요? 그 가게를 지킬 수 있는 가장 실질적인 힘은 어디에 있을까요? 답은 아마도 우리들의 지갑 안에 있을 거예요."[16]

　　요조의 책방무사는 동네책방 붐의 선두주자 쪽에 속한다. 알고 지내는 책방사장도 많다. 책방무사에 없는 책을 찾는 사람을 만나면 바로 책방사장 단체 채팅방에 들어가

....
16　요조가 추천하는 네 권의 책, 이겁니다 – 에코페미니즘 컨퍼런스 ④ 가수에서 책방사장님으로, 요조 | 오마이뉴스 | 2018년 1월 17일

그 책이 있는 책방을 묻고 나눈다. 책방 사이의 연대와 상생을 실천하고 있다는 것인데, 그러나 같은 처지에 있는 사장이 모일 때면 대화가 늘 하소연으로 시작해 하소연으로 끝난다. 불합리한 게 한둘이 아니다. 책 사러 오는 사람이 적다는 것도 문제지만 대형서점에 비해 동네책방은 입고하는 책값부터가 다르다. 변두리에 위치한 작은 책방한테 친절하지 않은 출판사도 많다. 매번 좌절과 넋두리의 연속이지만 책방사장은 자기 공간에서 자신이 좋아하는 책을 파는 삶을 사랑해서 일을 내려놓지 못한다. 그런 사장들의 목소리는 너무 작다. 게다가 다들 착해서 더 목소리를 못 낸다. 책을 사랑하는 선한 사장들의 패배주의에서 벗어나야 할 것 같지만 뾰족한 대안이 있는 것은 아니다. 그러나 고민은 필요하다.

요조한테는 가끔 책방의 현실을 이야기할 수 있는 공식적인 자리가 생긴다. 그럴 때면 요조는 꼭 돈 얘기를 한다. 물론 돈 얘기는 늘 어려웠다. 공연 제안과 원고 청탁 앞에서 돈 얘기를 꺼내지 못한 적이 더 많다. 후회가 쌓이고 쌓여 어느 순간 일과 수익에 당당해야 한다고 생각하기 시작했고, 그래서 연습도 해봤다. "적습니다." "더 주십시오." 이제는 주눅들지 않고 그런 말 잘 한다. 요조는 그렇게 연마한 협상의 기술을 책방의 현실을 말할 때 가장 힘줘서 세련되게 쓰고 있다. 동네책방에 지갑을 여는 것은 우리가 원하는 동네를 만들 수 있는 작지만 중요한 정치 활동이라 주장하는 것이다. 그건 여러 책방사장 사이에서 가장 이름이 알려진 요조가 할 수 있는 일이고 해야만 하는 일이다. 유리한 입지라는 건 막연하게 기대했던 것과 달랐다. 처음엔 공포가 되었고 이제는 책임감이자 의무감이 되었다.

한편 책방사장을 힘들게 만드는 몇 가지 질문들이 있다. "책방 열려면 어떡해야 해요?" "얼마나 들어요?" "월세는요?" 해방촌 독립서점 스토리지북앤필름의 대표는 그런 질문에 지친 책방사장을 대신해 책방 개업과 운영의 실질적인 팁을 알려주는 워크숍을 만들어 강의하기로 했다. 요조도 워크숍의 일원이다. 요조가 중점으로 이야기하는 것은 이랬다. 책방주인은 여자가 많다. 대낮이라 해도 작은 공간에 여자가 혼자 있을 때 일어나는 일들이 있다. 그러니 꼭 CCTV 설치하고, 도움을 청할 수 있는 연락망을 준비해 둬야 한다. 호신용품까지 챙기면 더 좋다. 그리고 그런 일이 발생하면 연락을 달라. 하지만 그렇게 만반의 준비를 해야 한다고 강조해도 요조는 그런 말이 예비 사장에게 잘 통하지 않는다는 것을 안다. 하고 싶은 걸 꿈꾸고 준비할 때는 부정적인 생각을 못 한다. 그러니 책이 좋아 책방을 연 여성들이 어떤 문제에 직면하게 될지 모른다. 요조부터가 그랬다. 그리고 그런 일은 정말로 발생했다. 워크숍을 듣고 인천에 책방을 연 어느 사장이 뒤늦게 CCTV를 설치했다는 소식을 전해왔다.

책방사장은 사실 바쁘다. 책을 소개하는 곳이니 신간 정보를 살피고 입고를 결정해야 하고, 소개하려면 쉬지 않고 읽어야 한다. 공간을 하나 두고 있다는 것부터가 부단한 관리가 필요한 일이다. 그리고 결정적으로 사람을 응대해야 하는 서비스직이다. 그러나 어린 날의 요조가 동네 책방 주인장을 보면서 생각했던 것처럼 통유리 바깥에서 책방사장이란 할 일 없고 한가한 사람처럼 보인다. 그러다 사람이 찾아오면 여성한테 내재되어 있는 습관들이 나온다. 친절하게 말해야 하고 웃어야 한다. 드러내고 싶은 감정이 있어도 사람을 불편하게 하지 않을까, 분위기를 흐리지 않을까 하는 생각이 말을 막는다. 요조는 매력적인 남자 책방 주인장을 생각한다. 그런 남성이 경험하는 호의를 공포라고 느낄 확률이 얼마나 될까. 여성은 누군가 관심을 보일 때 경계부터 작동한다. 호감을 덜컥 내보이는 사람 대부분이 조심성 없고 무례하기 때문이다. 요조와 나눈 책방 운영 얘기는 이렇듯 안전과 단속으로 끝났다.

페미니즘이 바꾼 연애

　　마지막으로 연애를 물었다. 어느 정도 말이 풀려 어려운 질문들이 이제는 가능하지 않을까 싶었을 때, 나는 좀 뻔한 의도를 드러냈다. "너무나도 잘 아실 텐데, 공개된 연애는 여성한테 더 불리하잖아요?" 질문이 더 이어지기도 전에 내가 기다린 반갑고 멋진 답이 돌아왔다. "불리하다는 것을 인정하고 싶지 않거든요." 그래서 요조는 가끔 담배 피우는 사진을 SNS에 올린다. "찌질하고 소심한 반항"처럼 보일 수 있다는 걸 알지만 요조는 편견과 기대를 따르고 싶지 않다. 덕분에 연애 얘기를 좀 더 깊게 나눌 만한 분위기가 만들어졌고, 지나간 연애는 말하지 않기로 사전에 약속했다. 오해를 살 수 있는 부분이 너무나 많다. 그리고 오늘의 페미니스트 각성을 이야기하기 위해 실패한 사랑을 동원하는 것은 비겁한 방법이라 요조는 생각한다. 누구든 과거 애인을 생각할 때 찾아오는 감정은 복잡하기 마련이지만, 요조도 그 시절로 가면 부끄럽고 미안한 기억이 더 많다. 하지만 지금 만나는 남자친구에 대해서는 충분히 책임을 질 수 있을 것 같다고 했다. 사실 듣고 싶은 말이 많았다. 요조가 읽은 책을 소개하는 책, 사실은 책 소개 형식을 빌려 요조 자신의 삶을 이야기하는 〈눈이 아닌 것으로도 읽은 기분〉에는 남자

친구 이종수가 종종 등장한다. 내 눈길이 길게 머물렀던 대목은 여러 연애 일화 가운데 요조가 이종수를 페미니스트로 만든 과정이다.

요조는 남친 이종수와 한때 여성의 직업 이야기를 나눈 적이 있다. 아나운서와 기상 캐스터, 승무원처럼 여성에게 특정한 복장을 요구하는 직종 얘기였다. 남자들의 시선 욕구를 충족시키는 옷을 입고 일하는 사람들을 두고 남자들이 말하는 방식은 늘 기분이 좋지 않았고, 그건 이종수도 마찬가지였다. 불편하다고 생각은 했지만 그냥 넘어갔다. 반론할 방법을 잘 모르기도 했고, 정리되지 않은 지적으로 흠을 잡기에 이종수는 인품이 꽤 괜찮은 사람이다. "모든 남자가 다 그런 것은 아니야" 같은 말에 이제는 지쳤지만 한때 요조는 이종수가 "그런 남자"와 다르다고 확신하고 안도하곤 했으니까. 그 뒤로 수많은 이들을 페미니스트로 만든 많은 여러 사건들이 있었다. 하나만 말하자면 2015년 2월 방송인 김태훈이 한 패션지에 "IS보다 무뇌아적 페미니즘이 더 위험하다"고 썼다. 요조를 어제와 다른 사람으로 만든 글이다. 그 글을 본 뒤로 요조는 책방무사에 입고할 책이 늘었다. 요조는 책을 골라달라는 막연한 부탁도 어렵지만 페미니즘 도서 추천도 이제는 어렵다. 입문용, 심화 입문용, 심화용 등 단계별로 구분해 총망라하는 게 차라리 편하다. 요조는 내 모든 질문에 빠짐없이 풍성한 답을 들려줬지만 '나의 페미니즘 교과서'를 물었을 때만큼은 유보를 택했다. 메일로 정리해 따로 보내겠다고 했다.

언젠가 요조는 토마 마티외의 만화 〈악어 프로젝트〉를 이종수에게 읽으라 권했다. 남자를 악어로 표현해 여성혐오가 무엇인지를 일깨우는 쉽고 직관적인 책이다. 책을 다 읽은 이종수에게 요조는 한 챕터를 보여줬다. 여성이 동의하지 않은 성관계를 이야기하는 대목이다. "너도 나한테 가끔 이래." 이종수는 완전 얼어버렸다. 요조는 이종수를 또 얼린 일이 있다. 2016년 강남역 여성혐오 살인사건 때였다. 여성에게 가하는 폭력과 범죄의 극단을 보여준 사건에 분개한 요조한테 이종수는 기름을 부었다. "내가 지켜줄게." 요조는 그 순수하고 막연한 반응에 일단 웃음이 나왔다. 곧 온몸을 부들부들 떨면서 폭풍 같은 질문을 쏟아냈다. "어떻게 24시간 지켜줄 건데? 화장실 갈 때도 따라올 거야? 너랑 술 마시다가 내가 화장실 가면 그때도 따라올 거야?" 이종수한테 악의가 없었다는 걸 요조는 모르지 않았다. 이종수는 자기 생각이 틀렸고 말이 잘못되었다는 것을 알았다. 이종수는 늦은 밤 서울 작업실에서 혼자 일하는 요조와 통화하면서 "배고파? 배달 음식 시켜 먹어" 같은 말을 더는 하지 않는다. 혼자 있는 늦은 밤이면 여성은 배가 고파도 내가 안전할 수 있을까를 먼저 고민한다는 것을 요조를 통해 알았기 때문이다. 페미니즘 화두 앞에서 이종수는 말이 점점 줄고 있다. 요조가 여성의 공포와 분노를 흥분 상태로 말할 때마다 이종수는 자기 감정과 생각을 드러내는 대신 묵묵하게 듣는 편을 택한다.

요조와 이종수는 제주도에서 산다. 요조는 책방 운영 외 음악이나 기타 업무로 서울에 가느라 집을 주기적으로 비운다. 서울에서 일 보고 돌아왔더니 이종수가 "이제 거기 가지 말자" 한다. 둘이 자주 드나들던 동네 술집이다. 그 술집 사장이 불편하다 한다. 누가 예쁘네 누굴 꼬셔서 즐겼네 어디가 물이 좋네 같은 피곤한 말들을 사장이 늘어놨고, 이종수는 그런 얘기 듣고 싶지 않다고 했다. 동조를 거부하는 반응에 놀란 사장이 이종수의 옷을 봤다. "페미니스트세요?" "네. 저 페미니스트예요." "아, 페미니즘 하시는구나. 참 피곤하게 사시네요." 그 티셔츠는 몇 해 전 요조가 퀴어페스티벌에서 사온 것이다. 같이 입으려고 두 벌 사왔는데 이종수가 잘 입어주긴 했으나 뭔지도 모르고 예쁘니까 입는다고 생각했다. 이종수는 요조가 없는 사이 그 티셔츠를 입고 동네 한남과 싸우고 돌아왔다.

혐오발언은 어디에나 있다. 아주 가까운 사람과 함께 있을 때도 예외가 없지만 우리는 대체로 현명하게 대응하지 못한다. 화제의 전환, 실은 외면과 침묵이 더 쉽다. 그나마 의견을 더한다면 우리끼리 있으니까 괜찮지 어디 가서 그런 얘기 하면 큰일 난다 정도로 좋게 좋게 마무리하는 것뿐, 가까운 사이라서 표정을 바꾸고 경고하기 더 어렵다. 언젠가 요조와 이종수도 여러 친구와 만난 자리에서 여자가 있어야 분위기가 사네 어쩌네 하는 말을 들은 일이 있다. 요조는 분위기를 바꾸지 못했다. 그런데 이종수가 정색했다. "형 이런 얘기 하지 마요. 진짜 짜증나요." 무안해진 형은 장난이라 말했지만 이종수는 그 말조차 넘기지 않았다. "장난이어도 그런 소리 하지 마요." 그날 밤 모임이 파한 뒤 요조는 이종수에게 물었다. "너는 진짜 네가 페미니스트라 생각해?" "응. 완벽하진 않지만." 요조도 동의한다. 완벽하진 않지만 이만하면 괜찮은 페미니스트 아닌가 한다. 이종수도 책방무사에서 요조가 하는 일을 가끔 한다. 앞으로 계속해서 불어날 페미니즘 서가 한가운데 이종수가 미래의 페미니스트에게 골라줄 책이 있다.

요조의
페미니즘 교과서

2016 여성혐오 엔터테인먼트

아이즈 편집부 | 아이즈북

"페미니즘에 관심이 있는 여성은 조금 딱딱한 페미니즘 도서도 천천히 소화할 수 있는 직관과 끈기가 있지만, 페미니즘에 대해 아직 모르는 것이 더 많은 경우에는 쉽다고 하는 책도 많이 힘들고 부담스러울 수 있다. 그런 경우라면 이 책은 굉장히 좋은 안내서가 될 수 있다. 여성이 현실 속에서 어떤 식으로 소비되고 있는지 알려주기 가장 편리한 업계 가운데 하나가 연예계라고 생각한다. 그 안에서 차별받는 여성들, 그리고 차별을 생산하고 동조하는 남성들은 대체로 우리가 다 아는 사람들이기 때문이다. 페미니즘에 대해 알고 싶다고 말하는 사람들에게 꼭 추천하곤 했던 책이다."

코끼리 가면

노유다 | 움직씨

"나에게 있어 페미니스트로 살아갈 수 있는 가장 중요한 연료는 용기다. 그것은 혐오와 차별에 맞서서 끝까지 목소리를 낼 수 있는 용기이기도 하지만, 내 목소리 속에 있는 모순과 실수를 과감히 대면하고 용서를 구하는 용기이기도 하다. 혐오에 당당히 부딪힐 수 있는 용기이기도 하지만 혐오에 무참히 무너지는 용기이기도 하다. 그 용기를 이 책이 많이 주었다."

"제가 여기 껴도
되는 걸까요?"

유병덕(9와 숫자들) 아직 조심스러운 페미니스트

1983년생. 9와 숫자들의 드러머다. 스타리 아이드로 데뷔해 첫 번째 앨범
〈Lo-Fi Dancing Star〉(2005)를 발표했고, 2016년 프로젝트 활동 병목현상
에 이어 2017년 보이디라는 이름으로 솔로 활동을 시작해 곡을 쓰고 있다.
2017년 2월 제14회 한국대중음악상 시상식에서 9와 숫자들이 수상한 날
"더 많은 여성 음악가과 여성 평론가를 만날 수 있길 바란다"는 수상소감을
남겼다.

facebook.com/9soothe
twitter.com/9andthenumbers
instagram.com/ur.boy.d

음악가 스물일곱 팀이 참여한 서울 노래 컴필레이션 〈Seoul Seoul Seoul〉(2012)에는 9와 숫자들의 '서울 독수리'가 실려 있다. 녹음을 마친 뒤 믹싱 작업 차 밴드 멤버들과 함께 엔지니어의 작업실을 찾아갔던 날 드러머 유병덕은 잠깐 놀랐다. 여성 엔지니어가 밴드를 기다리고 있었다. 스튜디오를 드나들면서 녹음 후반 작업을 돕는 여성 어시스트를 몇 번 보긴 했지만 그 작업을 주도하는 여성은 처음 봤다. 유병덕은 엔지니어의 이름을 기억하지 못했다. 어렵지 않을 것 같아 내가 찾아보겠다 했는데 정말 쉬웠다. 앨범을 열어 크레딧을 확인하기 전에 현장을 좀 아는 동료와 고작 몇 분 통화하는 것으로 간단히 끝났다. 여성 엔지니어는 그만큼 드물다. "이소림 엔지니어 맞나요?" "네, 맞아요!" 처음 이소림 엔지니어를 만났을 때만 해도 유병덕은 여성 엔지니어를 의외라고만 생각했을 뿐 그게 문제라는 걸 느끼지는 못했다.

몇 년이 흘렀고 많은 것이 변했다. 느끼는 것이 달라졌고 불편한 것이 늘었다. 보탤 수 있는 얘기는 좀 더 많아졌고 차차 말할 기회도 생겼다. 그러나 그럴수록 의심스럽다. 유병덕은 계속 고민한다. 할 말이 있다고 해서 판에 껴도 되는 것일까.

그날의 수상소감

여성 엔지니어를 처음 만난 날로부터 5년쯤 지난 2017년 2월 28일 화요일 저녁, 유병덕은 동료들보다 훨씬 일찍 약속 장소에 도착했다. 2017년 제14회 한국대중음악상이 열렸던 날이고, 유병덕의 밴드 9와 숫자들이 발표한 3집 〈수렴과 발산〉(2016)이 최우수 모던록 앨범과 노래 후보에 올라 시상식에 초청된 날이다. 행사장에 혼자 들어가기 머쓱했던 유병덕은 차에 앉아 휴대폰을 만지작거렸다. 그러다가 트위터를 통해 여성 미디어가 발행한 어떤 통계 하나를 발견한다.

유병덕이 당일 발견한 한국대중음악상 성차 관련 기사에 따르면 "13년간 종합분야에 915명의 아티스트가 후보로 선정됐고, 그 가운데 남성 뮤지션은 664명(73%), 여성 뮤지션은 251명(27%)을 차지했다."[17] 여성 음악가만 적은 것이 아니었다고 같은 기사가 말했다. "2017년 총 63명의 선정위원 중 여성 선정위원은 단 5명에 불과했다."[18] 그간 시상식을 몇 년간 지켜보면서 이상한 성별 쏠림을 대강 느끼고는 있었지만 그렇게 믿을 만한 수치를 확인하게 되자 유병덕은 동료를 기다리던 약 20분 동안 갑자기 생각이 굉장히 많아졌다. 여성 음악가라고 음악을 못 하는 것이 아니고 여성 평론가라 해서 글을 못 쓰는 것이 아닌데 왜 이렇게 됐을까.

그날 9와 숫자들은 싱글 '엘리스의 섬'으로 최우수 모던록 노래 부문을 수상했다. 수상 여부를 확신하기 어려워 딱히 수상소감을 준비하지 않았는데도 막상 무대에 오르자 시상식장 입장 전에 20분간 생각했던 내용이 말로 술술 튀어나왔다. "앞으로 한국대중음악상에서 더 많은 여성 음악가와 여성 평론가를 만날 수 있기를 희망합니다."

일단 말하긴 했는데 과연 적절했을까. 유병덕은 연단에서 내려온 뒤 진짜로 하고 싶었던 말을 생각했다. 여성이 겪는 문제는 여성만의 문제가 아니며 함께 살아야 하는 우리가 같이 풀어가야 할 숙제라는 이야기를 전하고 싶었는데 그런 의도까지는 전달이 잘 안 된 것 같았다. 좀 더 공

....
17 한국대중음악상에게 '대중'과 '다양성'을 묻는다 | 핀치 | 2017년 2월 28일
18 같은 글

부하고 준비한 뒤에 말했다면 좋았을까. 게다가 그 자리가 얼마나 큰 자리인지 그때는 실감하지 못했다. 발언 이후 쏟아진 반대 의견들, 이를테면 즉답을 요구하거나 기계적이고 인위적인 남녀평등을 염려하는 날이 선 의견들을 접했는지를 묻자 다행히도 주변에서 더 많은 지지와 응원을 들었다 했다. 네티즌 반응을 굳이 뒤지지 않았기 때문인 것 같다고도 했다.

조금 더 시간이 흐르고보니 세련된 표현이 딱히 중요한 것 같지는 않다. 말이 길어봐야 좋을 것 없다. 그보다는 이미 해버린 말의 무게를 아는 것이 더 필요하다 느꼈다. 일단 페미니즘 관련 책을 몇 권 더 샀다. 여성주의 웹진도 전보다 자주 드나들었다. 2016년 가을부터 시작한 한국여성민우회 후원도 지속할 것이다. 그리고 시상식에 참여했던 그날과 마찬가지로, 더 많은 사람들이 찾아오는 중요한 행사가 있을 때마다 그간 후원했던 여성단체에서 받은 페미니스트 셔츠를 입고 무대에 오를 생각이다. 남자 음악가 유병덕이 할 수 있는 일이란 대략 이렇게 정리된다. 그런데 아직 티셔츠 효과는 잘 못 보고 있는 것 같다. 셔츠의 의미를 묻는 사람을 만나야 하는데, 현장에 가보면 동료든 관객이든 이미 그 셔츠가 어디에서 왔는지를 알고 있는 사람만 잔뜩이다.

내 동료들이 듣는 말

시상식 당일 유병덕은 더 많은 여성 대중음악 평론가의 활동을 촉구했지만 사실 평론가 세계는 잘 모른다 했다. 아직 결혼을 선택하지 않은 김윤하 평론가와 언젠가 말을 섞게 되면서 여성 평론가 또한 다른 분야의 프리랜서와 마찬가지로 결혼과 임신과 출산을 겪다 보면 일에 대한 감각과 기회를 동시에 잃는다는 사정을 들은 게 전부다. 그렇게 사라지기도 하지만 돌이켜보니 여성 평론가를 별로 본 적이 없다. 어릴 적 라디오든 TV 연예 프로그램이든 음악계 이슈가 있을 때마다 발언하는 사람은 나이가 있는 양반이었다. 음악을 해석하고자 어떤 자리에서든 마이크를 잡는 사람 또한 예나 지금이나 남자고 나이도 제각각이다. 여성 평론가라는 모델이 드문 만큼 평론가가 젊은 여성 친구들의 꿈이 되기도 어렵다.

반면 10여 년 무대에서 활동하는 동안 동료 여성 음악가에 관해서는 보고 들은 꽤 많은 사례들이 쌓였다. 왜 여성 음악가는 저평가되는지, 그러기 전에 왜 상대적으로 그 수가 적은지를 어쩐지 알 것 같다. 유병덕이 생각하기에 성별 쏠림은 음악계뿐 아니라 예술계 전반의 오래된 문제다. 자연스럽게 남성은 예술 및 문화를 생산하는 사람으로 살아왔고, 더 많은 여성은 소비자 역할에 머물러왔다. 이 분위기는 하루아침에 바뀌는 것이 아니기 때문에 설령 여성이 음악을 한다 해도 사회적 지지와 기대 또한 전통적으로 낮다. 유병덕이 실감하기를 동시대 티켓 파워를 가진 음악가의 경우만 봐도 남성 밴드일 때가 훨씬 많다. 음악이 훌륭하다 해도 큰 공연장을 가득 채우는 동료 여성 음악가를 별로 본 적이 없다. 여성 음악가의 이미지 또한 다채롭지 못하다. 특히나 여성이 밴드를 한다면 남성과 힘을 겨룰 수 있을 만큼 강한 음악을 하거나 반대로 귀엽고 예쁘게 "여성적으로" 노래해야 그나마 인정 비슷한 것이 돌아온다. 거기에 더해 여성은 음악을 선택한 뒤에도 남성이라면 겪지 않을 불편하고 곤란한 문제를 만난다. 유병덕의 여성 동료들 대부분이 그랬다.

유병덕은 전원 여성으로 구성된 밴드의 멤버 동료A 이야기를 꺼냈다. 동료A가 속한 밴드의 활동은 그리 왕성하지 않다. 그렇다고 음악이 모자란 것이 아니다. "요새 왜 활동 안 해?" 유병덕이 근황을 묻자 동료A는 한가한 최근 일정이 아닌 오래된 고민을 들려줬다. "오빠는 잘 모를걸. 나는 진지하게 음악만 파고 싶은데 그것 말고도 할 게 너무 많아." 무슨 말을 하는지 감도 못 잡는 오빠한테 동료A는 이어서 고충을 털어놓았다. "머리도 해야 해. 화장도 해야 해. 옷도 맞춰 입어야 해. 살도 찌면 안 돼." 동료A는 아이돌이 아니라 밴드인데 왜 그런 고민까지 해야 하는 건지 그때는 몰랐다. "너 걸 그룹이야?" 물었다가 대화가 끊겼다. "몰라서 하는 소리야." 동료A가 속한 밴드는 소속사의 지시를 따라 멤버 전원이 헬스장에 등록해 피티를 받은 적이 있다고도 했다. 그리고 무대 활동을 의식해 몸을 가꾸던 경험을 실명을 걸면서까지 밝히고 싶지는 않다고 전했다. 음악적 기대치는 낮고 음악 외적으로 고려해야 할 것이 더 많은 이런 분위기가 여성 음악가를 지치게, 혹은 떠나게 만든다.

유병덕과 비슷하게 경력을 쌓은 여성 음악가는 공연장에서 남성 음악가라면 듣지 않을 얘기를 때때로 듣는다. 경력 음악가가 아닌 부족한 여성으로 취급하는 현장의 스태프를 만나기 때문이다. "그거 만지지 마세요." "고장나요." "제가 할 테니까 놔두세요." 유병덕의 밴드 9와 숫자들보다 더 오래 활동해왔던 브로콜리 너마저의 드러머 류지가 공연을 앞두고 장비를 세팅하다가 현장의 스태프로부터 그런 말을 들었다고 했다. "내가 남자라도 그런 이야기를 들었을까? 그런데 싸우면 안 될 것 같았어. 시작하기도 전에 감정이 상하면 공연을 망치니까." 사실 류지는 싸울 준비가 되어 있지 않았다고 했다. 성차별에 대응해본 경험이 없었을 뿐더러 성차별을 겪을 때마다 혹시 내가 잘못해서 그런 게 아닐까 하는 자기검열이 늘 먼저 따라왔기 때문이다. 그런 일을 동료한테 털어놨더니 남자 동료들은 그런 말을 들어본 적이 없었다는 것을 알고는 더 속상해졌다 했다. 남자 음악가 유병덕은 뭘 잘 모르던 데뷔 시절조차도 그런 말을 들어본 적이 없다. 그러니 참을 일도 없었다.

유병덕의 또 다른 여성 동료는 코를 성형했네 안 했네 하는 얘기를 팬덤으로부터 들었다. 유병덕은 공연의 성격에 따라 옷을 신경 쓰기도 하고 때로는 대충 입기도 하는데, 유병덕의 친구 동료A는 어떤 무대에 오르든 옷을 갖춰 입고 메이크업에 공을 들인다. 여성 음악가는 자주 외모 품평을 겪고, 어떻게 보이는지를 늘 의식하면서 노래한다. 꾸밈이란 여성이 좋아서 하는 일일 수도 있지만, 그런 취향이란 아름다움에 대한 과도한 사회적 기대가 여성한테만 쌓이고 쌓여 타의적으로 내린 결정에서 비롯되었을 것이다. 활동하고 또 어울리면서 자연스럽게 외모를 둘러싼 여성 동료들의 불편한 사례가 수집되자 유병덕은 언제부턴가 예쁘다는 말이 어려워졌다. 그 말이 적절한 칭찬이 되려면 말이 오가는 사람 사이에 충분한 관계와 정황이 있어야 한다는 것을 깨닫기 시작했기 때문이다. 그렇지 않다면 예쁘다는 말은 뭐가 문제인지도 모른 채 습관적으로 남용되는 품평의 표현이 될 수 있고, 여성이라면 예쁜 것을 추구하면서 살아야 한다는

은은한 강요에 동참하는 것이 될 수도 있다.

불편을 말하고 싶지만 막힌다

불편을 인지한 다음이면 무엇이 불편한지를 말해야한다. 유병덕은 잘 말하고 있을까. 사실 많이 어렵다. 가까운사람이 아무렇지 않게 여혐을 하고 페미니스트는 왜 그렇게극단적인가 비난할 때 유병덕은 고민이 많아진다. 여전히 생각이 잘 정리된 것 같지 않다고 느끼고 있지만, 현재로서 찾은 답은 그렇게 말하는 사람을 만날 때면, 그리고 그런 사람과 어느 정도 대화가 통할 것이라는 확신이 있을 때면 답하기 전에 거꾸로 질문하는 것이다. "페이스북에서 도는 그런자극적인 글 말고, 페미니즘 운동하는 사람 실제로 만나본적 있어?" "페미니스트가 그렇게 극단적으로 말해야 하는이유에 관해 생각해본 적 있어?" "그런 말이 너무 오래 무시당해왔기 때문에 여성이 남성보다 더 많이 다치고 죽어왔던건 아닐까?"

질문으로 우회한다 해도 지적은 늘 어렵다. 제대로 지적하려면 유병덕 스스로 공부가 더 필요하다고 생각하기 때문이다. 그러나 아직 때가 아니라 생각해 어물쩍 넘겨버리는 것으로 영원히 침묵한다면 내 친구가 돌이킬 수 없이 먼 반대편으로 가버릴 수도 있다. 게다가 설득이든 지적이든 엄두조차 낼 수 없는 관계도 많다. 어느 날 유병덕은 남자 동료로부터 그런 말을 들었다. "이제 말 조심 해야 해." 유병덕은 얼굴이 굳었다. 그 말의 뉘앙스를 알았기 때문이다. 뭐만 하면 여혐이라 하니 피곤하다는 것인데, 그럴 게 아니라 우리가 바뀌어야 한다고 말해야 했지만 그러지 못했다. 유병덕은 다른 방법을 택했다. 그날 저녁 소속사 오름엔터테인먼트 최인희 대표에게 전화를 길었다.

유병덕은 최인희 대표에게 요청했다. 우리도 회사 차원에서 여성관 재정립에 관한 교육이 필요하지 않을까 생각한다 말했다. 우리가 나서서 이런 성차별 예방 교육을 실시한다면 다른 회사도 하지 않을까, 그러면 적어도 음악계 내에서만큼은 변화를 볼 수 있지 않을까 전했다. 친구이자 동료인 자신이 몇 년 공부하고 느낀 걸 설명하는 것보다 전문가가 하는 체계적이고 논리적인 교육이 훨씬 효과적일 테니까. 돌아온 최인희 대표의 반응을 묻자 바쁘니까 나중에 얘기하자고 끊었다면서 웃었다. 그런 토론과 그런 농담이 충분히 통하는 관계라 했다.

최인희 대표가 여성이라 그런 이야기가 통하는 걸까. 그런 이야기는 결국 여성들이랑만 통할까. 유병덕은 성별과 관계없이 그런 이야기를 할 만한 관계가 만들어졌기 때문이라 답했다. 유병덕은 가끔 페미니스트가 싫다고 손사래 치는 여자 사람 친구 앞에서 곤란을 느낀다. 반면 생각지 못했던 친구와 대화가 풀리기도 한다. 유병덕은 운동하다 만난 근육질 트레이너와 이따금씩 페미니즘 이슈를 진지하게 나누고 있다. 여혐은 어쩌면 단순히 남성으로부터 오는 것이 아니라 남성 중심의 오래된 사고방식과 편견으로부터 오는 것이 아닐까 유병덕은 생각한다.

언제부터 불편했을까

어릴 적부터 여자아이들과 하는 놀이가 더 재미있었다. 파란색보다 빨간색이 더 좋았다. 많이 놀림받았고, 그게 좀 부당하다고 생각했지만 말은 못 했다. 어렸기 때문에 말하는 방법을 몰랐다. 불편은 집에서도 있었다. 유병덕은 행복한 기억부터 이야기했다. 초등학교 시절 토요일마다 오전 수업을 마치고 돌아오면 어머니가 늘 특별식을 준비하고 기다렸다. 대단할 건 없었다. 밥이 아니라 수제비나 떡볶이 같은 것. 전축이 있었고 엘피가 있었으며 집에선 클래식부터 가요까지 어머니가 그날그날 고른 음악이 흘러나왔다. 그렇게 어머니랑 누나랑 음악과 별식을 나누는 토요일 오후를 사랑했다. 그러나 주말이 늘 행복하지는 않았다. 지방 근무를 마치고 한 달에 두어 번쯤 아버지가 찾아올 때면 평화가 깨졌다. 천둥이 치는 것 같았다.

1990년대 후반 IMF 이후 아버지는 집에서 보내는 시간이 길어졌다. 바깥에서 더 긴 시간을 보내왔던 아버지는 가족과 아름다운 기억을 만들지 못했다. 가족과 소통하는 방법도 몰랐으며 노력도 없었다. 그런 아버지가 누나의 데이트를 목격한 일이 있다. 누나가 대학교 1학년 때였던 것 같다. 남자친구가 누나를 집 앞까지 데려다주는 걸 봤던 모양이다. "무슨 여자애가" 식의 타박이 시작됐다. 정작 누나한테 말도 못 하고 어머니한테만 불만을 잔뜩 쏟아내는 그런 아버지가 불편했지만 그 불편이 무엇인지 잘 몰랐다. 아버지는 부산 사람이고 특히 선거철이면 주장이 많아지는 분인데, 그런 아버지가 싫으니까 누나를 두고 그렇게 말하는 것도 어머니한테 공연히 화풀이하는 것도 막연하게 싫다고 생각했던 것 같다.

그리고 늘 여성스럽고 조심스러웠던 어머니를 생각한다. 젊은 날 '김양' 혹은 '미스김'으로 불리던 어머니는 결혼과 동시에 사무실 업무를 접었다. 가정에서 남편과 아내의 역할은 정해져 있다고 믿는 보수적인 아버지 때문일 수도 있고, 아니면 그게 왜 이상한지 의심조차 못 하던 시대 탓일 수도 있다. 별다른 의문 없이 가정주부로 살아왔던 어머니는 IMF 이후로 변했다. 일을 해야 했다. 국비지원으로 컴퓨터를 배우고 자격증을 땄지만 같은 과정을 밟았던 젊은 친구들만큼 능숙하게 기기를 다루지는 못했다. 겨우 수료를 마친 끝에 어머니가 선택한 직장은 옷 가게였다. 사무실에서 잠깐 일하기도 했다. 그때는 대형 마트가 별로 없었다. 경력단절에 나이까지 많은 여성이 선택할 수 있는 일은 거의 없었다. 어머니의 고생을 모르지는 않았지만 그때는 어리석게도 그게 어머니의 선택이라 생각했다.

이제서야 흩어진 조각이 다 맞춰진 것 같다고 유병덕은 말한다. 가정에서부터 일터에 이르기까지 남성이 여성을 통제하는 다양한 사례들을 접하고 여러 가지 페미니즘 이슈를 만난 데 이어 경력단절이라는 용어가 부상하자 그간 느꼈던 불편이 한꺼번에 설명되는 것 같았다. 그리고 현상을 설명할 수 있는 용어가 얼마나 중요한지를 느낀다. 적절한 용어는 이제야 각성한 남성보다 평생 그렇게 살아왔던 여성에게 더 절실했을 것이다. 표현을 몰랐던 긴 시간 동안 답이 없다는 이유로 어머니와 누나의 마음을 이해하려 하지 않았다는 죄책감도 함께 찾아온다.

밴드를 결성하기까지

　　어린 날의 이야기는 곧 음악으로 이어졌다. 어머니가 집에서 틀어놓던 테이프와 엘피로 시작한다. 듀란 듀란, 비지스, 사이먼 앤드 가펑클과 이름이 기억나지 않는 어느 악단의 교향곡이 두서없이 스쳐 지나가는데, 돌이켜보니 그 시절에 팝부터 클래식까지 좋은 음악을 꽤 많이 흡수했다. 〈가요톱텐〉을 즐겨 보던 초등학교 3학년 시절 서태지와 아이들이 등장했고 그러다 시나위와 신해철을 발견했으며 그렇게 범위를 넓히다가 결국 록을 알았다. 연주를 할 거라곤 생각 못 했다. 그냥 나의 우상처럼 무대에 서는 록 스타가 된다면 내가 얼마나 멋질까 막연하게 상상하는 정도에 머물러 있었다.

　　연주는 다른 계기로 찾아왔다. 고교 1학년 시절 드럼을 막 배우기 시작한 친구가 있었다. 친구는 쉬는 시간마다 교내 음악실에 찾아가 10분씩 드럼을 두드리고 왔다. 연주는 전혀 아름답지 않았다. 당장 꺼지라고 말할 수는 없으니까 내가 좀 더 멋있는 걸 해서 기를 눌러버리는 방법이 더 효과적이지 않을까 생각했을 만큼 시끄럽기만 했다. 그렇게 드럼에 다가갔다. 중학교 3학년 때 처음 클럽에 갔다가 봤던 크라잉 넛의 공연을 떠올리면서 서투르게 흉내내기 시작했고, 심지어 그렇게 못 치던 친구한테도 조금 배웠다. 그런데 스스로 실감할 만큼 쑥쑥 늘었다. 점점 잘하니까 더 재미를 느꼈다.

연주에 눈을 뜨자 밴드부의 전형이 보였다. 스쿨밴드는 메탈리카의 'Enter Sandman'만 하고 무한궤도의 '그대에게'만 커버하고 있었다. 그렇다고 그게 쉬운 연주는 아니었지만 밴드부의 관습을 넘어 마음 맞는 친구들이랑 스매싱 펌킨스도 하고 위저도 하고 싶었고, 그러면서 여러 밴드를 거쳤다. 스타리 아이드는 2001년 겨울에 결성한 밴드다. 2002년 2월 클럽 빵에서 정기공연을 시작했고, 여러 번의 멤버 교체를 겪다가 몽구스의 몬구가 베이스로 영입됐다. 유병덕과 열아홉 살부터 어울렸던 친구다. 그 무렵 앨범을 준비하는데, 영장이 나오는 바람에 유병덕은 급하게 2003년 1월 드럼부터 녹음했고 백일휴가 나와서까지 녹음했다. 없는 시간 쪼개 사전작업에 열중했지만 앨범은 유병덕이 제대한 뒤에나 완성되었다. 드러머가 군대에 묶여 있었으니 앨범이 나왔다 한들 활동이 순조롭지는 않았을 것이다. 그러는 동안 몬구는 몽구스로 자리를 잡았다.

휴가나올 때마다 몽구스의 공연을 몇 번 본 적이 있고 그때마다 좀 놀라긴 했다. 퍼포먼스는 물론 자신감의 수준이 달라졌고 반응도 엄청났다. 몬구의 노래 또한 귀에 금방 붙었다. 돌이켜보니 거기서 많이 자극받았다. 입대 전까지 밴드 멤버들과 함께 몰입했던 슈게이징과 포스트록 같은 장르가 제대하고 났더니 오히려 단조롭게 느껴졌다. 여러 가지 다채로운 구성을 취하긴 했지만 몇 개 안 되는 코드를 가지고 쉬지 않고 잼을 하다 보면 자연스럽게 노래가 나왔을 뿐이다. 좀 더 팽팽하게 계산된 음악을 하고 싶어졌고 멤버들과 차차 실행했다. 스타리 아이드의 초기 음악은 연주 중심으로 구성했지만 점차 확실한 멜로디를 받아들였다.

9와 숫자들: 드러머의 전신성형

　　유병덕은 2010년부터 9와 숫자들의 멤버가 되었다. 합류한 뒤 겪은 가장 극적인 변화를 문자 보상을 먼저 이야기했다. 스타리 아이드 시절 개런티를 받은 적은 있다. 하지만 쏟아부은 합주비와 차비를 생각하면 늘 마이너스였다. 낮은 늘 회사에서 보냈다. 대학에서 사진을 전공한 유병덕은 졸업한 뒤 교수가 운영하는 스튜디오에 들어가 잡지와 광고 등 매체에 실리는 다양한 사진을 찍었고, 그만둔 뒤에는 카메라 전문 기업 올림푸스 본사에 입사해 마케팅 팀에서 일했다. 마지막 직장은 뜬금없게도 식약청이다. 이후 몇몇 아르바이트를 거치긴 했어도 더는 직장생활을 하지 않는다. 아주 풍족하다고 할 수는 없지만 9와 숫자들에서 활동한 뒤로 앨범과 공연으로 적당히 생계를 유지한다.

수입보다 더 많이 변한 것은 연주다. 스타리 아이드 초기 시절에는 잼이 다반사였다. 두 시간 정도 연주에 몰입한 뒤에 그걸 간추려 공연했고 더 간추려서 녹음했다. 그 시절을 두고 유병덕은 "되는 대로 치던 록커"였다고 설명한다. 어떻게든 힘을 극대화한 연주였다. 드러머만 그랬던 것이 아니라 모든 연주자가 그렇게 다 에너지를 소진하는 방식으로 곡을 쓰고 무대에 올랐다. 록커라서 그랬다. 하지만 9와 숫자들의 음악은 팝이다. 모두가 고르게 힘을 쓰는 음악이 아니다. 때로는 기타가 부각되는 구간이 있다. 드물게는 드럼이 강조되는 때가 있다. 그 흐름을 알고 치고 빠져야 하는 음악이다.

처음엔 힘들었다. 9와 숫자들의 송재경이 써온 노래는 팝인데 유병덕의 연주는 록에 머물러 있었다. 송재경은 늘 덜 달려야 한다고 당부했지만 유병덕은 자제를 몰랐다. 각각 잠실과 송파에 살았던 둘은 홍대에서 공연이 끝나면 전철과 택시에서 끊임없이 말을 이어갔다. 음악으로 시작해 때때로 연애부터 정치적 올바름에 이르기까지 대화의 소재는 늘 풍성했고 시시콜콜한 것도 많았다. 그러면서 서로를 알았고 원하는 것을 알았으며 차차 서로 만족할 만한 변화를 봤다. "전신성형"이라 표현할 만큼 큰 변화를 이룬 기반은 작곡가와 연주자 사이의 끝없는 수다에 있었다고 유병덕은 생각한다.

유병덕은 한때 다른 연주를 원했다. 유명한 밴드가 하는 걸 따라하고 싶지 않았다. 그래야 보다 창조적이고 재미있는 결과가 나온다고 믿었다. 그런데 지금은 정형화된 연주의 미덕을 본다. 다 그렇게 치지만 나는 그렇게 치지 않겠다고 생각했던 시절을 지나 그렇게 치는 건 다 이유가 있으며 때때로 그래야 더 아름다운 결과에 기여한다는 걸 알게 된 것이다. 연주가 변하는 동안 공연 환경도 많이 변했다. 예전에는 공연장 코너에 고정되어 있는 드럼 세트에 자신을 맞추는 것이 좀 답답하다 느끼곤 했는데, 요새는 악기를 들고 나갈 때가 종종 생긴다. 그렇게 해서 팝의 기준에 맞고 습관에도 맞는 드럼 세트를 직접 구성해 공연한다.

병아리 싱어 송라이터

유병덕은 9와 숫자들의 기타리스트 유정목과 함께 병목현상을 결성해 2016년부터 조금씩 싱글을 발표하고 있다. 공연할 때마다 작은 이벤트로 둘이 준비한 무대가 확장된 결과다. 이어서 유병덕은 2017년 보이디BOY.D라는 이름으로 첫 데뷔 싱글 '끝인사'를 발표했다. 서른다섯에, 그리고 앨범 데뷔 12년 만에 처음 이룬 솔로 데뷔다. 밴드 형태로 음악을 시작했다가 둘이 하다보니 어쩐지 혼자서도 할 수 있을 것 같았고, 결과물에 대한 기대 이전에 언젠가는 꼭 해봐야 할 일 같아 내린 결정이지만 잘 하고 있는지는 잘 모르겠다. 유병덕은 싱어 송라이터로 데뷔한 스스로를 "병아리 단계"라 말한다.

　　별로라고 생각해 아무한테도 들려주지 않았을 뿐 사실 스타리 아이드 시절부터 혼자서 계속 곡을 쓰기는 했다. 고교 시절까지 합치면 드럼만 거의 20년을 쳤으니 리듬에 대한 확신은 있지만 멜로디에 있어선 아무래도 좀 많이 취약하다고 느낀다. 드러머의 입장이 늘 그렇다. 밴드의 엄연한 구성원이기는 하나 곡에 대해 의견을 갖는 방식이 다른 멤버들과 좀 다르다. 리듬을 담당하는 드러머는 다른 멤버가 코드와 멜로디를 이야기할 때 약간 고립되는 존재다. 대화에 끼려면 공부가 필요하다고 느껴 유병덕은 차차 기타와 건반을 조금씩 다루게 됐고 어느 순간 기타리스트의 손가락만 봐도 어떤 코드를 짚었는지를 아는 수준까지 왔다. 여전히 드럼 말고 다른 악기에 대한 실력과 이해가 뛰어나다고 생각하진 않지만 그래도 곡을 쓸 만한 조건은 충분히 만들어졌다. 마침 9와 숫자들에 합류하고 송재경과 긴 이야기를 이어나가면서 연주는 물론 음악 전반에 있어 절제의 가치를 깨달아가기 시작했고, 곡을 쓰는 방식과 고민도 많이 접했다. 그렇게 해서 유병덕은 싱어 송라이터 데뷔라는 전환과 확장의 토대를 얻었다.

보이디의 데뷔 싱글 '끝인사'는 2016년 겨울에 썼다. 익숙한 감정으로 시작했다. 유병덕은 좋아하는 사람이 생기면 늘 죽음을 생각했다. 너무나 사랑하기 때문에 사랑하는 사람이 사라지면 어쩌나를 불길하게 상상해왔다는 것이다. 곡에 살을 붙이기로 마음먹자 오래 품어왔던 불안과 연결할 만한 다른 화두가 떠올랐다. 사랑이 식어 떠난 이 앞에서 남겨진 이가 취해야 할 태도다. 그럴 땐 답이 없다. 할 수 있는 것이 아무것도 없고, 해서도 안 된다. 헤어지면 뭐라도 해야 한다고 생각해 계속해서 연락한다거나 집 근처를 서성이기 마련이지만 그런 일들을 해서는 안 된다는 것이다. 거절을 받아들여야 한다. 거절을 통념으로 해석해서는 안 된다. 'No means no'다. '끝인사'의 부제는 'Dearest Hannah'다. 한나라는 가상의 인물에게 쓰는 편지 형식을 빌려 거절된 사랑을 노래하고, 동시에 '끝인사'를 미련 없이 수용하라는 중요한 메시지를 전한다. 사랑에 빠졌을 때 늘 겪어왔던 불안과 고통이라는 감정에 최근 페미니즘을 공부하면서 습득한 학습의 내용을 얹은 셈이다. 그렇게 해서 사랑에 관한 관념으로 시작했지만 여성의 현실까지 살펴볼 수 있는 노래가 완성되었다.

이 판에 껴도 되는 것일까

나는 보이디의 첫 싱글 '끝인사'를 흥미롭게 들었고, 그 이전에 유병덕이 한국대중음악상 시상식에서 남긴 말을 알았다. 이 두 가지 정황을 통해 유병덕과 나눌 이야기가 있을 거라 생각해 인터뷰를 요청했다. 처음엔 거절에 가까운 답이 돌아왔다. 좀 더 공부가 필요한 상태라 했다. 나는 'No means no'를 실천하지 못했고, 질문지를 먼저 보낼 테니 살펴본 뒤에 답할 수 있다고 판단한다면 다시 이야기하자 간곡하게 전했다. 그렇게 해서 겨우 만남이 성사되었으나 약속 당일 갑작스럽게 연락이 왔다. 다행히도 취소 의사는 아니었고, 소속사에서 실무자로 일하는 동료 도금희와 같이 진행해도 되겠는지를 물었다. 나는 처음에 과연 그럴 필요가 있을까를 생각했다. 이미 상당한 인터뷰를 경험해왔을 텐데. 말없이 인터뷰에 동참해야 할 동료도 불편할 텐데. 하지만 곧 이유를 알았다.

음악을 말할 때 유병덕이 쓰는 표현은 대체로 명확했다. 큰 고민도 없었고 중간중간 농담이 섞여 있었으며 전반적으로 대화는 여유롭고 유연하게 풀렸다. 스스로 경험한 일에 대해서는 그렇게 말했다. 하지만 여성을 이야기할 때 그는 같은 말을 몇 차례 반복했고 나한테 집중하면서도 슬금슬금 여성 동료의 눈치를 봤다. 첫 인터뷰 제안을 거절한 이유, 약속 당일 갑자기 여성 동료를 부른 이유가 자연스럽게 설명됐다. 여성을 이야기할 때 언제부턴가 스스로를 검열하기 시작한, 이어서 여성의 '결재'를 요청하기 시작한 유병덕은 내가 묻기 전에 주의하고 있는 것을 먼저 말했다. 이미 만나기 전에 했던 얘기였다. 준비가 덜 되어 있다고, 공부를 더 해야 한다고 몇 번씩 말했다. 말하고 싶은 것은 엄청 많지만 지금은 듣는 것이 곧 공부라 했다. 페미니즘 바람이 불기 시작한지 얼마 되지 않았고, 자신 또한 그 흐름을 타고 4-5년 전부터 페미니즘을 공부하기 시작했기 때문에 이걸로 뭘 해보려는 사람처럼 보이지 않을까를 걱정한다고 말하기도 했다. "그러니까 유아인처럼요."

유아인은 애호박 운운하면서 자길 놀리는 사람에게

"애호박으로 맞아봤음?(코찡긋)"[19] 하고 대꾸한 일이 있다. 폭력적인 대응이라는 비난이 주로 여성으로부터 따르자 유아인은 자신을 비난하는 대상을 극렬 페미니스트, 폭도, 메갈 등의 용어로 구분한 뒤 그들의 목소리를 가짜 페미니즘이라 구분했고, 진짜 페미니스트가 무엇인가 하는 질문에 대구 출신으로 성장하면서 관찰해왔던 누나와 어머니의 삶, 그리고 아들이라서 누려왔던 특권에 관해 장황하게 썼다. 그런 여성의 삶을 아는 자신이 페미니스트가 아니면 무엇이겠냐는 것이다. 유병덕은 유아인에 관해 생각이 많다. 사실 페미니즘을 가지고 뭘 해보려는 남자가 이상할 것은 없다. 페미니즘을 할 만한 이론적 경험적 토대가 있다면, 더군다나 유아인 같은 영향력을 가진 사람이라면 페미니스트 선언을 통해 우리가 사는 사회를 보다 효과적으로 바꿀 수 있을지도 모른다. 다만 문제는 태도다. 그러나 유병덕 생각에 유아인의 의사 표현 방식은 페미니즘이 아니라 나르시시즘에 가까워 보였다.

여성을 둘러싼 문제에 남성이 개입해 얻은 바람직한 사례는 찾기 어렵다. 그러니 실패한 사례를 점검하면서 무엇을 피해야 하는지를 생각해보는 것이 지금으로서는 남자가

....
19 · 유아인 트위터 | 2017년 11월 18일

할 수 있는 최선의 공부다. 유병덕은 2017년 11월 공론화된 한샘 직장 내 성폭력 사례를 꺼냈다. 사건이 공개된 뒤 회사의 대표라는 사람이 쓴 공허한 사과문을 이야기했다. 모든 걸 스스로 직접 책임지고 처리하겠다는 회장의 입장에 화가 났다고 했다. 피해자는 직장 내 입지가 불안정한 여성이었는데, 기업 내 최고 권력자 남성이 혼자 말하는 성폭력 예방 대책을 누가 신뢰할 수 있을까. 그럴 땐 여성단체 같은 외부 전문가의 도움을 받겠다 말해도 진정성이 보일까 말까일 텐데. 그런 의미에서 유병덕은 감히 여기 껴서 여성 문제를 논해도 되는 것인지 잘 모르겠다 했다. 사건과 문제를 지켜보고 의견을 보탤 수 있는 사람일 뿐이지 경험한 사람이 아니라 했다. 일단 페미니스트 티셔츠를 자주 입겠다는 말을 여기서 또 했다.

올바른 용어를 쓰는 일

유병덕은 자신의 한계를 계속해서 말했다. "나는 100% 이해할 수 없어요." "나는 100% 공감하기 어려워요." 여성 동료와 여자 사람 친구로부터 들은 부당한 이야기는 정말 많고 같이 분노하고 있지만, 근본적으로 그건 스스로 겪은 일이 아니기 때문이라 또 설명했다. 경험은 자신의 것이 아니지만, 발생한 일들은 "우리의 문제"라고 인식해야 한다고 또 반복해서 말했다. 나는 여기서 잠깐 말을 잘랐다. 그 표현이 적합한지를 물었다. 여성이 처한 문제는 과연 우리의 문제일까. 결국 남성으로부터 비롯되었으니 남성의 문제라 말하는 것이 보다 정확하지 않을까. 어쩌면 내가 이렇게 묻는 것이 말장난처럼 느껴지면 어떡하나 약간 걱정하면서 물었지만 생각해보니 남성의 문제가 맞다고 유병덕은 곧바로 표현을 수정했다. 큰 범주에서 보면 우리 모두의 문제일 수 있지만 부족한 사람이 바뀌는 것이 맞고, 그러니 남성의 문제로 정정할 필요가 있다 말했다. 그리고는 여성을 대상으로 한 범죄의 편향된 보도 방식을 예로 들었다. 가해 남성이 부각되어야 마땅한 사건에 피해 여성이 습관적으로 헤드라인에 오른다. 매체가 여성을 문제의 핵심으로 지적하는 방식이고, 이렇게 여성을 문제의 원인으로 진단할수록 여성은 '개념녀' 강박에 시달린다.

이 모든 각성은 소셜 미디어를 통해 이루어졌지만 유병덕은 고작 4-5년 들여다 본 SNS가 절대적인 매체가 아니라는 것도 분명히 했다. 원하는 방식으로 타임라인을 짤 수 있다는 점에서 거긴 공감이 넘치는 세계고, 결국 더 많은 성별 불합리는 소셜 미디어 바깥에서 일어나기 때문이다. 그래서 마지막으로 소셜 미디어 바깥의 현실, 그리고 소셜 미디어 이전의 현실을 물었다. "실수한 남자였던 적 있나요?" 할 말이 너무 많아 사례를 고르기 어렵다 했다. 그래봐야 세 살 밖에 차이 안 나는 애인한테 오빠 노릇 하면서 너무 많은 걸 설명하고 가르치려 했던 연애, 여성 동료의 옷차림을 두고 칭찬과 농담 사이에서 이러쿵저러쿵 괜히 더한 불필요한 의견이 지금 갑자기 떠올라 말할 수 없이 부끄럽다 했다. 그리고 이번에는 내가 선택한 용어의 적합성을 거꾸로 유병덕이 의심했다. "실수라는 밀이 좀 그래요. 문제를 축소하는 말 같거든요." 젠더에 있어 실수는 가해자한테 유리한 가벼운 표현이다. 따라서 남성의 실수와 잘못은 명확하게 구분되어야 한다고 유병덕은 말했다.

유병덕의
페미니즘 교과서

모두를 위한 페미니즘

벨 훅스 | 이경아 옮김 | 문학동네

"열심히 페미니즘 책들을 찾아 읽기로 마음먹긴 했지만 솔직히 말하면 대부분 좀 딱딱하다. 그래서 늘 꾸역꾸역 읽었다. 그러나 이건 좀 쉬웠다. 페미니즘이 필요한 이유에 관해 깔끔하게 잘 정리해둔 책이다."

헬프(2011)

테이트 테일러 연출 | 엠마 스톤, 비올라 데이비스 출연

"우리가 사는 사회는 미국이 아니기 때문에 인종 문제를 생각하기 어려울 수 있다. 하지만 그게 아니더라도 한국 사회에는 엄연한 계급과 계층이 있다. 〈헬프〉는 사회적 약자에 관한 이야기다. 영화 속의 인종은 한국의 계급으로, 또 여성으로 해석이 가능하다고 생각한다."

한국여성민우회 소식지 '함께 가는 여성'

한국여성민우회 발행

"민우회 후원을 시작했더니 소식지가 계속 온다. 재미있게 읽고 있다. 읽을 때마다 소울 메이트가 가까이에 있는 것 같다. 마음이 잘 통해

관심사를 나누고 발전적인 미래 이야기를 하는 관계를 소울 메이트라 할 수도 있지만, 사실 진짜 소울 메이트는 남 욕을 같이 할 수 있는 사람일 수도 있다. 나는 남 욕에 대한 공감대가 여성 문제를 이야기하는 데 아주 중요하다고 생각한다. 소식지를 읽다 보면 마음이 통하는 사람과 같이 화낼 수 있는 공통적인 주제가 계속해서 주어진다."

"여전히 쑥스럽지만
여성학 석사입니다"

흐른   여성 음악가를 연구한 여성 음악가

본명 강정임. 1979년생. 사회학을 전공한 뒤 2004년 여성학 석사논문 〈여성
록 음악가의 몸의 경험과 새로운 여성 주체성의 형성〉을 썼다. EP 〈몽유병
〉(2006)으로 데뷔해 두 장의 정규 앨범을 발표했고, 2013년 류호건과 프로
젝트 밴드 전기흐른을 결성해 활동하기도 했다. 2018년 3월부터 한국양성
평등교육진흥원에서 성폭력 예방 교육 전문강사 과정을 밟고 있다.

facebook.com/jeongim.kang
twitter.com/flowingseoul

"여성학 석사라면서요?" 2006년 데뷔 EP 〈몽유병〉이 나왔을 때 흐른이 가장 많이 얻었던 질문이자 관심이다. 처음에는 썩 달갑지 않았다. 이제는 음악에 집중해야 할 것 같은데 다들 할 말이 그것밖에 없을까, 혹시 음악이 별로인가 싶었다. 노래 이전에 가방끈부터 찾는 사람들의 무성한 호기심과 달리 예나 지금이나 흐른은 여성학 석사라는 것이 별 것 아니라고 생각한다. 그러나 국회도서관에서 누구든 열람할 수 있는 2004년 여성학 석사학위 청구논문 〈여성 록 음악가의 몸의 경험과 새로운 여성 주체성의 형성〉(강정임)을 읽어보면 그 연구 결과는 '별 것'이 맞고, 그래서 10년이 훌쩍 흐른 지금까지도 나처럼 여성학 석사 시절을 묻는 사람을 만난다. 흐른은 여전히 성과를 과장할 생각이 없지만 최근 몇 년 사이 페미니즘 논의가 부상하면서 여성학 석사라는 이름을 받아들이는 방식이 조금 변했다. 자신을 둘러싼 그 오래된 수사가 이제는 유용하게 쓰일 수 있다면, 그래서 더 많은 말과 더 힘 있는 발언의 토대가 될 수도 있다면 그렇게 불려도 괜찮을 것 같다. 그래도 여전히 쑥스러운 건 사실이다.

논문을 열어보면

흐른의 2004년 논문은 대학원 시절 동기 두 명과 함께 작성한 기말 페이퍼에서 비롯되었다. 학기 중에 문화와 관련한 수업을 듣고 나서 라이엇 걸에 관한 글을 과제로 제출하게 되는데, 라이엇 걸이 무엇인지는 흐른의 논문에서도 잠깐 언급된다. 잠깐 인용하자면 "1990년대 초반 미국에서는 스스로를 페미니스트이자 소녀로 명명하는 '라이엇 걸'이 등장한다. … 펑크 록 정신과 펑크의 남성 중심성에 대한 여성주의적 비판을 결합시켜 펑크 음악계의 남성 문화를 공격하는 동시에, 여성이 록 음악계의 모든 영역으로 들어갈 수 있도록 격려하는 페미니즘 운동이었다."[20] 흐른은 페이퍼를 계기로 라이엇 걸을 조사하면서 남성 일변도였던 록 문화의

....
20 강정임 | 여성 록 음악가의 몸의 경험과 새로운 여성 주체성의 형성(2004) | 35–36쪽

한복판에 여성이 과감하게 진입할 수 있었던 사회적 맥락을 읽었다. 일단 시대가 변했고, 시대가 변하면서 록 음악의 흐름도 변했다. 이전까지 헤비메탈과 같이 남성 사회 안에서 주로 전수되는 기교 위주의 엘리트주의가 지배적인 록 문화였다면, 1990년대는 누구나 할 수 있다는 DIY로 록을 둘러싼 미학과 평가의 기준이 바뀐 시기다. 흐른은 이 같은 변화의 흐름에 뛰어든 여성이 무대를 통해 과격하고 급진적인 방식으로 주체성을 드러내는 것에 주목했다. 동시에 졸업 논문에 대한 중요한 영감을 얻었다. 페이퍼를 확장하기로 했고, 그렇게 해서 보다 넓은 관점에서 음악과 주체적인 여성상을 연결하는 연구 작업이 시작되었다.

여성과 대중음악을 연결한 국내 연구가 전무했던 까닭에 해외 자료부터 뒤적이기 시작했다. 일단 남성 위주로 오래 유지되어 왔던 서구 록 문화에 대한 비판이 가장 많았다. 충분히 의미 있는 연구였지만 흐른은 그보다는 가능성, 즉 그럼에도 불구하고 여성 음악가가 만들고 바꾸는 주체적인 문화에 초점을 두고 싶었다. 라이엇 걸의 시공간까지 찾아가지 않아도 이미 멀지 않은 거리에 분석할 만한 사례가 차곡차곡 쌓여 왔다. 삐삐밴드에 이어 자우림이나 체리필터 같은 프론트우먼 밴드가 주류 음악계에서 호응을 얻으면서 록은 젊은 남성의 반항이라는 오래된 통념을 바꿔놓았고,

국내 인디음악계 안에서도 이색적인 여성 음악가가 많이 등장하고 있었다. 흐른의 관점에서 그렇게 나타난 여성 음악가는 우리가 일반적으로 생각하는 여성스러운 존재가 아니었다. 이상하게 옷을 입고 이상하게 화장하고 이상한 목소리로 노래하는, 그러니까 여성에 대한 사회적 규범을 넘어서는 사람들이었다. 논문에는 흐른이 락타이거즈의 공연에 갔다가 여성 멤버 벨벳지나를 보고 깜짝 놀라는 대목이 나온다. "충격적이었다. 노출이 너무 심한 의상을 입고 있었기 때문이었고, 그럼에도 불구하고 몸을 너무나 사유롭게 움직였기 때문이었다."[21]

　　　여성 음악가가 음악을 통해 여성성이라는 성별화된 기대를 위반할 수 있는 조건이란 무엇일까. 그럴 수 있는 힘은 어디에서 나오는 것일까. 여성 음악가의 여성성 탈주에 대한 질문으로 시작한 흐른의 연구는 여성 음악가의 몸에 대한 탐구로 이어진다. 이는 여성 이전에 음악의 본질, 즉 음악이란 무엇인가를 깊게 연구한 결과다. 연구자이자 음악가 흐른이 관찰해왔던 음악은 텍스트라는 생산자의 결과물과 나라는 생산자의 거리가 거의 없는 매체다. 서양철학은 오랜 세월 인간의 몸과 정신을 구분해왔고 이 같은 기준은 수많

....
21　같은 논문 l 113쪽

은 예술을 해석하는 일에 상당한 영향을 미쳐왔지만, 유독 음악은 감성과 이성의 이분법이 좀처럼 적용되지 않는 분야다. 글이나 영화라면 창작자의 몸과 결과물 사이에 상당한 거리가 존재하는 데다 수용자가 흡수하고 생각하기까지 어느 정도 시간을 필요로 하기 마련인데, 음악은 생산자의 머리 혹은 가슴으로 시작해 입을 통해 출력된 뒤 생산자와 수용자의 귀로 즉각 전해진다. 즉 몸은 음악이 나오는 생산의 장이자 수용되는 공간이며 방법이다. 음악의 도구가 되는 악기 또한 몸에 밀착해 다뤄야 한다. 결과물로서의 음악은 춤의 형태로 몸을 움직이게 만들기도 한다. 특히나 공연장은 음악가의 몸을 통한 노래와 관객의 몸을 통한 반응이 동시에 이루어지는 생생한 현장이다. 여성 음악가는 그런 몸을 활용해 창작과 표현의 형태로 청중과 음악적 상호작용을 하고, 때로는 여성의 육체적 강점을 활용하고 때로는 여성성에 대한 관습에 균열을 가하며 주체적으로 노래한다.

논문에는 다양한 여성 음악가가 등장하는데, 그 가운데 열 명은 논문의 표현을 빌리면 "심층 면접의 대상으로 선정한 연구 참여자"[22]다. 연구 참여자는 흐른의 실제 친구이자 동료도 있었고, 네스티요나의 요나와 헤디마마의 혜정,

....
22 같은 논문 | 7쪽

그밖에 실명과 소속 밴드를 밝히지 않은 어느 여성 음악가처럼 흐른이 직접 "밴드의 인터넷 팬 사이트에 가입해 메일로 인터뷰를 요청한"[23] 경우도 있었다. 그렇게 진행했던 인터뷰를 흐른은 논문을 준비하면서 가장 즐거웠던 순간으로 기억하고 있다. 그땐 논문을 계기로 막 음악을 준비하고 시작하던 때였고, 음악하는 또래 여성이 들려주는 만족과 고민은 연구자에게 유용한 자료인 동시에 음악가의 현재이자 미래이기도 했다. 반대로 가장 어려웠던 부분을 묻자 흐른은 모든 연구자가 겪는 보편적인 고민을 이야기했다. 결국 논문이란 연구자가 주장하는 새로운 내용이 명확하게 드러나야 하는 일인데 그게 가장 힘들다. 대중음악계가 어떻게 젠더화되어 있는지, 왜 록을 남성이 전유했는지를 연구한 기존의 논문과 달리 그 틈을 비집고 나타난 여성 음악가의 주체성을 말하고자 했는데 그 주장을 과연 잘 살렸는지 아직도 잘 모르겠다.

　　과거의 연구자는 아직도 결벽을 말하지만 나는 물을 것이 많다. 흐른의 논문은 몸에 대한 집요한 탐구를 통해 여성 음악가의 과거와 현실과 가능성까지 모든 것을 설명하고 있는데, 나는 그 몸이라는 개념이 여성과 음악을 설득력 있

....
23　같은 논문 | 8쪽

게 묶어준 아주 기발하고 적절한 분석의 도구라 생각했다. 발상의 배경을 묻자 또 겸손한 답이 돌아왔다. 여성의 몸에 관한 연구는 이미 분야별로 충분히 많이 이루어졌다. 여성이 몸을 통해 획득하는 감각이나 몸을 통해 실현하는 정치에 관해서는 논문을 준비하면서 꽤 많이 참고했을 만큼 학계 안에서 풍요로운 자료가 쌓여 있다는 것이다. 한편 젠더란 타고난 것이 아니라 사회적 규범을 통해 받아들이는 각본이자 연기라는 주디스 버틀러의 이론 또한 흐른이 진행한 연구의 기둥이 되었는데, 같은 방식을 따라 연구 대상의 여성성 혹은 남성성이 어떻게 수행되는지를 논의한 사례 또한 많다. 집중한 대상이 국내에서 사례가 거의 없었던 여성 음악가였을 뿐이라 했다. 박사 입장이었다면 새로운 지식을 창출해야 한다는 큰 부담에 시달렸을 테지만, 석사였기 때문에 기존의 데이터를 활용하는 동시에 선택한 대상을 학문의 관점에서 관찰하고 결론을 마련하는 선에서 마무리할 수 있었다고 덧붙였다.

열아홉 전후에는

　　흐른의 논문은 여성에 관한 연구이기도 하지만 동시

에 대중음악에 대한 깊은 이해가 읽힌다. 이는 논문 뒷면에 실린 숱한 참고문헌에 빚을 지고 있기도 하지만 음악을 발견한 십대 시절부터 차곡차곡 흡수해왔던 정보와 지식의 역할도 컸다. 곧 삶에서 음악이 나타나고 사라지고 다시 찾아온 과정을 순차적으로 들을 수 있었다. 어린 날에는 공일오비를 좋아했고 라디오를 많이 들었다. 고등학생이 되자 배철수와 전영혁을 알았고 디제이의 목소리에 귀를 기울이면서 팝과 록을 발견했다. 1990년대 중반은 브릿팝 열풍으로 블러, 오아시스, 스웨이드, 펄프 등이 활약하던 시절이고, 고향 울산에는 작은 음악 감상실이 있었다. 선곡이 대단히 세련되진 않았지만 주말이면 오전 수업을 마치고 친구들과 함께 달려가 거기서 아홉시까지 놀다 오곤 했다. 친구들끼리 용돈 쪼개 〈핫뮤직〉 같은 음악 잡지를 번갈아 사서 돌려보면서 이것저것 가리지 않고 강성 메탈까지 귀를 열었고, 한때는 미스터 빅을 좋아해 영어 잘하는 친구의 감수로 팬레터를 써서 보내기도 했다.

그러다 밴드의 일원이 되고 싶어졌다. 록을 하려면 어린 날 배운 피아노가 아닌 기타를 칠 줄 알아야 한다고 생각했고, 마침 집에는 오래 방치된 기타가 있었고 기타 학원은 학교 바로 앞에 있었다. 덕분에 기본적인 음계와 코드를 익혔고 키보이스의 '해변으로 가요'를 끝까지 연주하게 됐지만 수업은 한 달만에 끝났다. 기타를 친다는 건 생각보다 쉬운 일이 아니었다. 코드를 잡으려면 손을 힘들게 뒤틀고 꺾어야 하는데, 신체에 부자연스러운 동작이라 연습이 많이 필요하다. 기타에 몸을 길들이는 것보다는 서울로 전학간 친구와 편지를 주고받으면서 서울의 음악 문화 이야기를 듣는 게 더 들뜨고 좋았다. 서울에 정착한 친구 말로는 신촌에 백스테이지라는 음악감상실이 있는데 거기서 새로운 음악이 많이 흘러나온다 했다.

대학 입학 전에 두어 번 서울에 갔다. 친구가 말한 백스테이지도 가봤고, 거기서 다프트 펑크 같은 밴드의 영상을 처음 접하고 압도됐다. 친구가 들려준 것처럼 과연 서울에는 공연도 많고 볼 것도 많고 좋아하고 동경하는 것을 누리고 즐길 수 있는 문화가 풍요롭게 형성되어 있었다. 얼른 서울에 있는 대학에 가야지 했고 머지않아 실현됐다. 대학에 합격한 뒤 1997년 1월 대학로에서 봤던 공연이 떠오른다. 델리 스파이스와 언니네 이발관 등 몇몇 밴드의 합동 공연이었는데, 기타 배우던 시절 학원 선생님이 결성한 커버 밴드의 공연을 본 적이 있지만 많이 달랐다. 창의적이고 아름다운 창작곡으로 관객과 교감하는 프로 밴드를 처음으로 눈앞에서 봤다. 곧 대학에 들어가니 기타를 다시 잡고 저런 밴드를 해야지 싶었다. 그러나 막상 대학에 들어가자 음악은 전혀 중요하지 않은 상황이 되었다.

인문학부에 입학한 흐른, 당시 열아홉 살의 강정임은 학과 활동의 일환으로 다양한 학회 활동에 참석하면서 혼란에 빠진다. 흐른의 표현에 따르면 "인식론적인, 그리고 인문학적인 충격을 경험한 시기"다. 몰랐던 사실과 사상이 마구 흡수됐다. 여태까지 알던 세상은 반쪽짜리였다. 1996년 한총련 사태는 언론이 보도했던 철없는 빨갱이 대학생들의 데모가 아니라 과방에서 매일 보는 가까운 선배들이 1년 전 참여했던 시위였다는 걸 알았다. 그간 고등학교에서 배웠던 현대사 또한 은폐에 가깝게 극히 제한적으로 이루어진 교육에 불과했다는 것도 알았다. 선배들이 여는 세미나를 통해 한국 현대사를 다시 배웠고 이데올로기와 계급 문화에 눈을 떴다. 등록금 투쟁에 참여했고 노조의 구성원과 철거민이 처한 현실도 외면하기 어려워 집회에 자주 나갔다. 학내에서 경험한 문화사회적 충격을 통해 소위 의식화에 이르자 이걸 알기 전으로는 도저히 돌아가지 못할 것 같았다.

흐른이 학회 활동을 통해 만났던 선배 대부분은 흔히 말하는 NL 계열로, 운동에 있어서 도식을 따랐다. 민족을 중요한 가치로 생각했던 만큼 어떤 선배들은 대중문화를 타락한 자본주의의 산물이자 부르주아의 배부른 향유라 여겼다. 당연히 영미권 록도 그리 반기지 않았다. 민중가요가 세련되게 변하기 시작한 시점이라 메이데이 같은 밴드가 등장하기도 했지만, 운동권은 여전히 음악을 예술이 아닌 프로파간다를 전달하는 도구로 받아들이는 측면이 더 강했다. 그래서 문선대는 운동에 동원되는 대상이었고 마임도 메시지를 실어나르는 수단으로 인식되었다. 누구도 음악이라는 흐른의 취향을 억압하지는 않았지만 흐른이 먼저 그 분위기에 동화됐던 것 같다. 취향에 쏟을 여유가 충분하지도 않았다. 음악계 최신 경향을 따라가는 것보다 선배들과 보내는 시간이 훨씬 즐거웠던 시절이다. 배울 것도 많았고 함께 참여할 집회도 투쟁도 많았다. 자연스럽게 음악과 멀어졌다.

운동권에서 여성주의로

변화는 늦지 않게 찾아왔다. 1학년 말 학내 여성주의자들과 가까워지면서다. 여성운동 하는 선배들이 준비하는 학생회 선거에 같이 참여하게 된 흐른은 거기서 새로운 맥락의 문화와 운동을 접했다. 그때 습득한 핵심 내용은 그 유명한 표현으로 요약된다. "가장 개인적인 것이 가장 정치적인 것이다." 풀어 말하자면 이렇다. 내가 느끼는 일상적인 불편이 실은 정치적인 문제일 수 있다. 그런 불편함과 불쾌함이란 나 하나의 개인적인 감정이 아니라 많은 사람들이 겪고 있는 불합리이기 때문이다. 이를 설명하면서 흐른은 연구자 시절로 잠깐 돌아갔다. "그 유명한 말을 누가 처음 했는지는 잘 몰라요. 학계에서도 논란이 따라요. 다만 68혁명 전후로 페미니즘도 새로운 국면을 맞는데, 그때를 '페미니즘 제2의 물결'이라 불러요. '가장 개인적인 것이 가장 정치적인 것이다'는 그때 대중화된 슬로건이기도 해요."

흐른이 1997년부터 경험했던 대학 내 여성주의자 그룹은 성소수자 동아리 컴투세너와 함께 1995년 연세대학교에서 성정치 문화제를 개최한 주역이기도 하다. 성정치 문화제는 캠퍼스라는 열린 공간에서 성폭력을 주제로 영화제를 열고 결국 파괴됐을 만큼 논란이 따른 도발적인 조형물을 설치했으며 콘돔을 전시하는 등 당시로서는 파격적인 기획을 선보였던 축제다.[24] 축제가 끝난 뒤 한편에서는 퀴어 논의를 보다 발전시켰고, 성정치를 함께 고민했던 일부는 운동권과는 다른 방식으로 여성주의 커뮤니티 활동을 이어갔다. 1998년 처음으로 운동권 계열이 아닌 여성주의 커뮤니티 내에서 총여학생회장이 나왔고, 곧 흐른도 2000년 총여학생회장으로 당선되면서 학내 여성운동을 대표하는

....

24 성정치 문화제 | 페미위키

사람이 되었다.

앞서 경험했던 남성 위주의 운동권 문화 안에서는 개인의 취향이라는 것이 드러나지 않았다. 취향이란 순수한 문화적 경험이 아니라 그렇게 취향이 형성되기까지 복잡한 정치적 사회적 맥락이 있다는 것을 은은하게 가르쳤기 때문이다. 굳이 억압하진 않았지만 나의 취향이란 감춰야 한다는 암묵적이고 경직된 분위기가 분명 있었다. 반면 여성주의 모임 안에서는 보다 많은 것이 자연스러웠다. 권위와 위계에 특히 민감했고, 나이에 관계없이 선후배가 반말을 나누고 별명을 불렀다. 영미권 문화에 대한 무조건적인 배척 같은 것도 없었다. 그러는 사이에 음악도 조금씩 되찾았다. 취향이란 성찰해야 할 것은 맞지만 검열해야 할 것은 아니었다.

학사 과정이 끝난 뒤 흐른은 여성주의를 이론적으로 더 공부해보고 싶었다. 졸업 시즌이었던 2000년대 초반만 해도 지금만큼 취직하는 것이 어렵지 않았고 나중에라도 언제든 할 수 있을 것 같아 큰 갈등 없이 대학원에 갔고 여성학을 택했다. 영어로 쓰인 각종 원서를 읽는 것에 익숙해졌고, 여성 음악가를 주제로 논문을 구상할 무렵에는 대중음악 평론가 차우진, 최세희, 최지선 등과 자주 어울리면서 대중음악과 여성을 보다 긴밀하게 엮어 연구할 토대를 얻었다. 막상 논문을 쓰기 시작한 뒤에는 선행연구도 많지 않고 대부분 사례가 외국에 있어 힘들었지만 돌이켜보니 선생님을 잘 만났다고 생각한다. 김은실 지도교수는 문화와 섹슈얼리티를 전공한 사람이고, 논문을 평가한 부심 김현미 교수 또한 대중문화에 깊이가 있어 조언해줄 수 있는 것이 많았다.

대학원 과정이 끝나자 배움을 더 이어갈 만한 미련은 남아 있지 않았다. 논문에 꽤 매달리긴 했고 공부하는 즐거움도 충분히 누렸지만 박사를 한다면 한 단계를 더 돌파하는 인고의 노력이 필요한데, 여기서 더 나아갈 수 있는 훌륭한 연구자가 될 자신이 없었다. 게다가 박사의 전망이 그리 밝지 않다. 특히나 여성학은 갈 곳이 뻔하다. 강단에 서는 미래를 생각하자니 교수는 모든 연구자에게 굉장히 좁은 문이다. 여성학과가 있는 학교도 적다. 정책 연구를 한다면 풀릴 수 있을지 모르지만 그럴 마음은 없었다. 연구를 이어가지 않는다 해도 발표한 논문을 다듬어 책으로 만들어보는 것은 어떻겠느냐 누군가 권하기도 했다. 나도 비슷한 생각을 했고 이제는 세상의 페미니즘 인식이 전과 같지 않으니 다시 결과를 만드는 일에 더 유리한 시기이지 않을까를 물었다. 부끄러워 논문을 다시 열어 볼 마음의 여유가 없다는, 그리고 쪽팔린다는 답이 반복해서 돌아왔다. 그땐 이만하면 공부는 충분하다 생각했고, 마침 취업 기회도 찾아왔다. 처음에는 여성부에서 일했고 이어서 여성영화제로 갔다.

네이버 지식인에는 오만 가지 질문이 올라온다. 때때로 전문가가 나서서 답변해주기도 하는데, 여성정책과 관련한 질문이 오를 때면 여성정책 전문가 흐른이 나타나 답했다. 한편 지금의 여성가족부, 당시 여성부는 2002년 지금은 없어진 여성정보 종합 네트워크 '위민넷'을 만든 일이 있다. 위민넷은 곧 여성 포털 사이트로 확대되었고, 흐른은 여성부에서 일하던 시절 네이버 지식인과 함께 위민넷의 콘텐츠를 기획하고 관리하는 업무를 맡았다. 이어서 여성영화제에 투입된 뒤에는 자원활동팀에서 관리자로 분했다. 좋은 기억이 더 많았던 일이다. 여성부는 여성을 알아서가 아니라 발령받아 부서에 배치된 공무원의 조직이라 늘 일이 윗선의 지시에 따라 이해할 수 없는 방향으로 흘러갔는데, 영화제 식구들은 행사 일정에 맞춰 바쁘게 움직이면서도 평등하고 유연한 업무 분위기를 유지했다. 일이 끝난 뒤에는 노래하는 사람이 되었다. 2006년 데뷔 EP 〈몽유병〉이 나왔다.

스물여덟 살의 데뷔

흐른은 논문을 쓰면서 영미권의 기존 연구를 정리하기도 했지만 참여 관찰과 심층 면접이라는 연구방식도 함께 적용했다. 현장에 직접 들어가서 일원이 되었고, 동료 음악가를 만나 인터뷰를 진행한 뒤에 논문을 썼다. 고교 시절 그렇게 음악을 갈망했지만 막상 대학에 들어온 뒤에는 다른 관심사로 바빠 홍대에 간 적도 없었는데, 기말을 앞두고 준비한 라이엇 걸 페이퍼를 계기로 뒤늦게 인디밴드 공연을 찾아다니기 시작했다. 특히나 학교 후문에 있던 클럽 빵은 무대 활동에 대한 인식을 바꿔놓은 곳이다. 거기서 이루어지는 다양한 공연을 지켜보면서 음악을 한다는 것이 반드시 엄청난 일이어야 할 필요가 없다고 느꼈다. 그냥 혼자 나와서 기타치면서 노래하는 것이 시작이었다.

사실 기타는 계속 곁에 있었다. 대학 시절 드나들던 과방에도 기타가 있었고, 민중가요 책을 펼쳐보면서 코드 연습도 해보고 노래도 불러보고 했다. 그러다가 좋아하는 영미권 모던록을 어쿠스틱으로 커버하는 단계로 넘어갔다. 전기 기타 레슨도 받았고 과외 선생님이랑 낙원상가에 같이 가서 일렉트릭 기타도 샀다. 이펙터도 다룰 줄 알게 되었다. 밴드 구인을 종종 살펴봤고 오디션을 본 적도 있지만 밴드가 원하는 수준으로 기타를 치지는 못했다. 그러다 빵에 드나들면서 약간의 자신감을 얻고 곡을 몇 개 썼고, 기타만 살짝 입혀서 녹음도 해봤다. 후배한테 한 번 들어보라 권했더니 후배가 마침 자기도 곡을 쓴 게 있다며 적극적인 반응을 돌려줬다. 서로 괜찮다는 훈훈한 칭찬이 이어졌고, 서로 연주할 수 있는 범위 내에서 편곡도 입혀봤다. 그러다 말 나온 김에 오디션까지 엉겁결에 봐버렸다. 테스트를 통과했고 곧 무대에 섰다. 둘이 결성한 밴드의 이름은 나의 처절한 앙뜨와넷이다.

그렇게 해서 논문을 계기로 공연장을 어슬렁거리다 마침내 밴드를 결성했고, 공연 경험도 쌓았고 음악적 고민을 나눌 만한 동료들도 얻었다. 직접 무대에 서고 동료들의 고민과 만족을 접하면서 연구에 대한 기둥까지 세우게 됐다. 하지만 첫 밴드가 오래 가진 못했다. 멤버가 취직하면서 같이 활동하기 어려울 만큼 바빠져 어쩔 수 없이 홀로 무대에 서야 하는 상황을 맞았다. 그러면서 흐른이라는 이름도 만들었고, 혼자 공연을 이어간 끝에 앨범의 형태로 추릴 만한 노래도 몇 곡 쌓였다. 그때는 앨범이 곧 기획이라는 사실을 잘 몰라 2006년 어렵지 않게 어쿠스틱 사운드 위주로 구성한 첫 작품 〈몽유병〉을 완성할 수 있었다. 중심에 있는 악기는 어쿠스틱 기타였지만 포크의 문법은 없었다. 좋아했고 또 막연하게나마 하고 싶었던 건 모던록이었지만 출발이 록밴드가 아니었기 때문에 할 수 있는 범위 내에서 이룬 것은 팝이라고 생각한다.

시간이 흐르면서 흐른의 음악은 변화를 맞았다. 〈몽

유병〉으로부터 3년 뒤 발표한 정규 앨범 〈흐른〉(2009)은 초기 시절의 어쿠스틱 팝과 새로운 관심사 전자음악을 두루 다룬다. 류호건과 함께 두 장의 작품을 남긴 프로젝트 활동 전기흐른도 그랬고, 지금도 전자음악을 한다. 사실 전자음악은 오래 전부터 접해왔던 익숙한 장르였다. 어린 날의 흐른은 울산 태화강 강변에 있던 야외 롤라장을 드나들곤 했다. 거기서 또래 남자애들을 보고 기차놀이를 하고 은근슬쩍 신체접촉까지 하던 걸 흐른은 국민학교 시절 허용되었던 유일한 일탈로 기억하는데, 그 기억 사이에는 롤라장에서 흘러나오던 음악도 있다. 런던 보이스의 'Harlem Desire'와 'London Night' 같은 그 시절의 노래들을 굳이 다시 찾아 듣진 않았지만 어쨌든 쌓였고, 1990년대 중반부터 영국음악을 듣기 시작하면서 뉴 오더, 펫 숍 보이스, 블러, 펄프 같은 밴드를 만났다. 그 세련된 밴드들은 사실 롤라장의 1980년대 유로댄스와 통하는 구석이 있다. 단순한 리듬을 대체로 재치 있게, 때로는 경박하게 풀었다. 흐른은 그런 음악을 하고 싶었다. 그러려면 장비에 대한 이해가 필요하다.

음악을 완성하려면 모의 작업이 필요하다. 데모를 만들어야 한다. 밴드라면 다 같이 하면 되지만 흐른은 혼자다. 컴퓨터를 켜고 드럼, 베이스, 기타, 신디사이저, 보컬까지 1인 다역을 소화해야 한다. 혼자 익히기 시작한 탓에 정리된 이해도가 높은 편이라고 생각하진 않지만 그래도 이렇게도 해보고 저렇게 하다보니까 전자음악으로 앨범을 구성할 만큼은 능숙해졌다. 2집 〈Leisure Love〉(2011)는 전자양이 프로듀서로 참여했는데, 편곡은 물론 음악 관련 소프트웨어를 만지는 경험과 능력이 월등했던 친구라 뒤에서 보면서 많이 배웠다. 똑같은 걸 해도 독학이란 이리저리 돌아가는 길인데 숙련자 동료의 어깨 너머로 직선 코스가 보였다. 녹음과 믹싱을 계기로 드나들었던 전자양의 집에는 녹음과 음향에 관한 책이 있어 그걸 보면서 공부를 더 했다. 음악 외적으로 쌓인 각종 분노도 그때 꽤 생산적으로 풀었다. 그럴 때면 일단 장비를 지른 뒤 활용법을 일러주는 외국 포럼에 드나들었고, 유튜브에 올라와 있는 각종 튜토리얼도 많이 참고했다.

　　〈몽유병〉이 나왔을 때 흐른의 나이는 스물여덟이었다. 정규 앨범은 삼십대에 나왔다. 음악을 일찍 시작한 뒤에 결국 포기하고 현실로 돌아가는 더 많은 경우들과 달리 흐른은 학교와 직장이라는 현실을 경험한 뒤에 뒤늦게 음악으로 갔다. 너무 늦었다는 걱정과 씨름하지 않았을까를 물었지만 별 고민 없었다 했다. 흐른은 EP 〈몽유병〉과 1집 〈흐른〉 사이에 다녀온 8개월짜리 어학연수를 이야기했다. 영국 음악 좋아했으니까 맨체스터로 갔는데, 이십대 초반 학기 중에 유행처럼 어학연수를 경험했던 동기들과 달리 흐른은 이십대 후반에 내린 결정이다. 외국에서 혼자 산다는 것은 네트워크가 없고 안전망이 없는 낯선 세계에 나를 맞추고 나를 소개해야 하는 일인데, 공부와 일 등 그간 쌓은 경험으로 이런저런 요령이 생겼고 덕분에 덜 막막할 수 있었던 것 같다고 생각한다. 음악도 마찬가지다. 아무것도 모를 때 만드는 음악과는 다를 수밖에 없다. 빨리 시작해서 얻을 수 있는 매력이 있고, 늦게 시작했기 때문에 보다 신중할 수 있었던 음악적 결정이 있다.

감정과 정치 사이에서

흐른의 2집에 실린 '찬란한 존재'는 간절한 사랑 노래로 들린다. 특히나 후반은 애원의 아우성이다. "날 돌봐주세요/ 날 사랑해줘요/ 날 지켜주세요/ 날 버리지 마요." 실은 유기견에 관한 노래다. 동물에 대한 애정과 걱정은 최근 EP 〈바깥의 땅〉(2017)에 실린 '내 작은 전부'로 이어진다. 흐른은 고양이 빙고와 함께 산다. 흐른은 다른 집사들과 마찬가지로 나의 사랑스러운 고양이 앞에서 좋아 죽지만 빙고와 나누는 사랑이란 그렇게 단순하지 않다. 빙고는 한겨울에 흐른이 '냥줍'했던 친구다. 길냥이라는 거리의 생명이 처한 아찔한 현실을 환기하는 존재다. 흐른은 빙고를 생각하면 많이 기쁘고 자주 아프다. 그 복잡한 감정은 에세이에 가까운 정제된 문장으로 정리되었다. 거리의 개와 고양이가 아니어도 생명과 환경을 생각할 일은 계속 생긴다. 전기흐른 시절에는 '우린 모두'를 썼다. 후쿠시마 원전과 밀양 송전탑을 흐른이 바라본 방식이다.

더 직접적인 표현을 쓸 때도 있었다. 1집에 실린 'Global Citizen'에서 흐른은 노래한다. "가자에선 폭탄이 케냐에선 종족분쟁/ 잠깐 슬퍼하다가 케냐산 커피 한 모금." 나의 휴식과 만족을 보장하는 커피는 늘 신문에서 보도되는 복잡한 분쟁 지역에서 왔다. 그 복잡한 땅의 커피 농장이 노동 착취의 현장이라는 것을 안다면 대안으로 공정무역 커피를 찾아다닐 수도 있지만 매번 윤리적 소비를 실천하기는 어렵다. 이렇듯 인간은 모순 덩어리이고, 자연과 동물한테도 잔혹하기 짝이 없다. 같은 노래가 말한다. "풀을 먹는 소에게 옥수수를 먹여서/ 뚱뚱해진 소들로 햄버거를 만들어/ 저 멀리 잠비아에선 옥수수가 없어 죽어가/ 잠깐 생각하다가 오늘 저녁은 햄버거." 우리가 먹는 소고기는 공장식 축사에서 비인도적인 방식으로 사료 먹고 자란 가축의 부산물이라는 것을 우리는 모르지 않는다. 그런데 가끔 햄버거가 당긴다. 혹은 피할 수 없는 상황을 만난다. 내가 아는 것과 행하는 것이 완벽하게 일치되는 삶의 실현이 가능할까. 흐른은 그 괴리를 말하고 싶었고 그렇게 해서 'Global Citizen'을 썼다.

한편 EP 〈바깥의 땅〉에는 '사소하지 않은 일'이 있다. 명백한 피해 사실이 있지만 집단 내에서 배제되기 싫어서 자신을 검열하거나 침묵을 택하고, 주변 사람 또한 침묵에 동참하거나 방관하는 성폭력의 전형적인 결과를 묘사하는 노래다. "모두들 숨죽이고 있었지/ 나 혼자 남겨지긴 싫었어/ 한순간 실수였다 믿었지/ 무언가 나도 잘못했겠지." 'Global Citizen'이 다루던 '글로벌한' 세계 문제에서 여성이라는 보다 현실적이고 심각한 주제로 이동했기 때문일까. 고른 단어가 달랐다. '가자' '케냐' '커피' '햄버거' 같은 의미가 명확한 낱말에서 '실수'와 '잘못'이라는 다소 모호한 표현으로 이동했다. 하지만 흐른은 그렇게 생각하지 않는다. 오히려 반성폭력 반성차별 담론에 익숙한 사람이라면 대번에 알 수 있을 만한 코드를 제목부터 가사까지 대놓고 썼다.

비슷한 문제의식에서 출발한 노래가 또 있다. 〈바깥의 땅〉에 실린 '오늘밤은'은 관계와 신뢰를 이야기하는데, 불법 촬영으로부터 아이디어를 얻었다. 불법 촬영은 멀쩡하게 생긴 사람이 저지르는 범죄의 전형이고, 어쩌면 나와 가까운 사람도 그런 범죄자일 수 있다. 인간 사이의 믿음이란 이토록 불안정하고 허망한 것이다. 신뢰만 불안할까. 미래도 불안하다. 평생직장이란 옛말이다. 당장 내년부터 불안한데 삶을 길게 기획한다는 것이 가능할까. 이것은 개인의 고민이자 우리 모두의 고민이며 결국 사회적인 문제다.

노래는 가장 개인적인 창작이지만 어쩌면 가장 정치적인 목소리일 수 있다. 사적인 감정과 경험에서 출발한다 한들 결국 주변과 사회와 연결된다. 사랑을 말하는 노래 사이에 우리가 사랑해 마지않는 한편 학대하는 동물이 깃들어 있을 수도 있고, 노래로 인간이 추구하는 행복과 꿈의 가치를 표현하려니 그 삶이 실현되는 환경을 파괴하는 존재는 결국 인간이라는 절망적인 결론에 도달하기도 한다. 비밀은 음악이든 문학이든 예술이 오랜 세월 탐미해왔던 매혹의 주제이지만 예술이라는 고매한 세계 바깥 현실의 비밀이란 침묵을 선택할 수밖에 없는 자의 고통이다. 그 모든 것들이 노래가 될 수 있고, 노래니까 간추려진다. 어떤 노래 앞에선 직접적인 정치성과 시사성이 적절할 수 있지만 어떤 노래는 보다 간접적인 표현을 필요로 한다. 사실 현실을 리얼하게 표현하느냐 마느냐 하는 문제보다 흐른이 더 중요하게 여기는 것은 따로 있다. 계몽적으로 접근하지 않는다. 옳고 그름을 판단하고 가르치는 것은 자신의 역할이 아니고, 관찰하고 경험

한 현상에 관한 고민을 자연스럽게 이야기하는 것이 무거운
이슈를 나누는 보다 적절한 방법이라 흐른은 생각한다.

어제와 오늘의 페미니즘

어쩌면 흐른은 '사소하지 않은 일'이나 '오늘밤은' 같
은 노래를 훨씬 일찍 쓸 수도 있었다. 같은 맥락에서 최근 부
상하기 시작한 페미니즘의 물결 또한 흐른에게는 동어반복
에 가까운 담론이 될 수 있을 것 같았다. 흐른은 여성을 이
미 학문의 관점에서 충분히 정리했다. 논문은 2004년 완성
되었고 젠더에 대한 고민은 그보다 한참 전에 시작되었다.
동시에 그만한 깊이와 경험 없이 음악과 여성을 논하는 책을
시작한 내가 많이 부끄러웠다. 부끄러운 마음을 비집고 나는
물어야 했다. 사실 흐른을 만나기 전부터 궁금했다. 2004년
이 아니라 페미니즘이 보다 생활과 가까워진 오늘날 연구를
시작했다면 내용이 어떻게 달라져야 할까. 1990년대부터 여
성주의 활동에 참여해왔던 흐른에게 이를 묻는다면 어떤 답
을 들려줄 수 있을까.

먼저 흐른은 1997년부터 경험했던 대학 내 여성주의
운동을 이야기했다. 지금만큼 반향이 크지는 않았지만 지금

과 크게 다르지 않았던 다양한 여성운동이 전개되었다. 당시는 PC 통신을 통해 여성주의자와 진보 계열 운동가들이 활동했던 시절로, 그들은 온오프라인에서 다양하게 활약하면서 군 가산점을 둘러싼 논쟁을 수면 위로 끌어올리는 한편 호주제를 폐지하는 성과를 거뒀다. 여성주의 잡지 〈이프〉가 창간했고, 안티 미스코리아와 월경 페스티벌, 여성영화제 같은 이벤트가 기획되었다. 각 대학의 총여학생회와 여성주의자 모임이 긴밀하게 연결되었고, 노동자의 날을 비롯한 다양한 행사에 여성주의 깃발이 등장하기 시작했다. 오늘날의 페미니스트를 '넷페미' 혹은 '트페미'라 부른다면 1990년대 등장한 새로운 여성주의자들을 두고 그때는 '영 페미니스트' 혹은 '영페미'라 불렀다.

그리고 지금과 비슷한 방식의 미투가 있었다. 이는 서울대학교 신정휴 교수 사건으로 거슬러 올라간다. 1992년 해당 학과의 우 조교가 해당 교수로부터 위계관계에서 겪은 성희롱을 법정에 가져간 것인데, 1994년 시작된 법적 투쟁은 네 번의 재판을 거쳐 1999년 유의미한 최종판결을 얻어냈다. 피고에게 원고의 정신적 손해에 대한 배상책임으로 5백만 원을 지급하라는 명령이다.[25] 반대로 사법 체계에 의탁하지 않는 방식으로 대학 내 반성폭력 운동이 이어지기도 했다. 그 무렵 가해자의 실명 공개와 공개 사과가 등장한다. 공동체 안에서 발생한 성폭력을 공론화하고 해결하고자 제시된 방법이다. 가해자는 공동체 구성원으로 책임을 지고 구성원은 이를 용서하는 동시에 이 같은 일이 재발하지 않도록 하는 교육의 일환이기도 했다. 각 대학에는 성폭력 폭로 대자보가 붙었고, 대책으로 반성폭력 학칙도 함께 제정되었다. 성폭력 신고가 접수되면 위원회가 꾸려지고 교수가 함께 참여해 징계를 내리는 시스템도 생겼다.

2000년 10월에는 여성 활동가들로 구성된 '운동 사회 성폭력 뿌리 뽑기 100인 위원회'가 조직되었다. 여성 활동가 대상으로 이메일을 열어 각 운동 조직에서 발생하고 은폐된 성폭력 사례를 수집한 것이다.[26] 줄여서 '백인위'로 불린 조직은 접수된 성폭력 사례를 토대로 각종 노조 지부장 및 시민사회 단체장, 그밖에 재야 활동가 등 운동권 내 유명 인사들의 실명을 공개했다. 당연히 반발도 따라왔다. 누군가는 "해일이 밀려오는데 조개 줍고 있다" 했다. 성폭력은 운동이라는 대의를 위해 묻어둬야 하는 작은 사건에 불과하다는 것이다. '2차 가해'라는 표현도 그 무렵에 처음 나왔다. 공동체 안에서 여성이 문제를 제기했을 때 조직을 위해 참으라

....

25 서울대 우 조교 성희롱 사건 | 위키백과

26 '백인위' 폭로방침 일파만파 | 참세상 | 2000년 11월 6일

말하는 것이 2차 가해다. 피해자는 숨거나 배제되고 가해자는 승승장구하는 익숙한 현실이 문제라는 의식에서 나온 표현이기도 하다. 백인위는 2000년에 등장한 그 시절의 미투였다.

이처럼 1990년대부터 여성주의를 경험했던 흐른 입장에서 오늘날의 페미니즘 논의가 새롭지 않을 수는 있다. 하지만 지형이 획기적으로 달라져 살펴볼 것이 많다. 흐른은 일례로 페미니즘 진영 내에서도 각각의 입장과 논리에 따라 세밀한 분화가 이루어지고 있음을 지적했다. 온라인 여성 커뮤니티를 통해 메갈리아라는 이름이 등장했고, 보다 강경하고 과격한 입장을 견지하는 이들은 워마드라는 그룹으로 따로 분리됐으며, 리버럴 페미니즘과 래디컬 페미니즘 논쟁 사이에는 성소수자의 인권 또한 페미니즘에 포함되어야 한다고 주장하는 경우가 있다. 이제는 페미니즘이라는 집안 안에서도 서로 분명하게 갈리고 또 치열하게 싸운다. 오늘의 미투에 준하는 치열한 폭로가 있었으되 당시 영페미의 세계는 대학가와 여성 운동가들의 모임으로 좁혀졌지만, 오늘날에는 이 모든 논의가 트위터를 비롯해 공개적이고 대중적인 온라인 현장에서 이루어진다는 것도 놀라운 변화다.

음악으로 넘어오면 헤아릴 것이 더 많아진다. 여성 음악가가 종종 듣게 되는 "여자치고 잘 하네"라는 말은 꽹

장히 잘못됐지만 흐른이 연구하던 당시에는 그런 말이 나올 만한 맥락이 있었다. 수적으로 여성 음악가가 적었고 기술적으로 뛰어난 사람 또한 적을 수밖에 없었으며 여성 음악가의 역할도 달랐다. 프론트 우먼, 어쿠스틱 기타를 치면서 자기 고백을 하는 싱어 송라이터, 연주에 있어 세컨드 기타를 맡는 경우가 대부분이었다. 하지만 이제는 여성이라서 그런 음악을 한다는 성별 일반화를 한참 넘어섰다. 여성의 실력과 수에 있어 상당한 토양이 만들어졌고, 여성 음악가가 취하는 장르 또한 강성 계열부터 전자음악까지 다양해졌다. 나아가 자신의 위치를 고민하고 스스로 결정한 여성 음악가가 늘었다. 페미니스트 정체성을 가지고 활동하는 동료들이 멀지 않은 곳에 있다. 사실 이렇게 변화된 조건 안에서 논문을 다시 쓴다면 하는 생각을 몇 번 해보긴 했다. 그러나 잘 모르겠다는 것이 결론이다. 개인적으로는 흥미로운 변화일 수 있지만 어쩌면 공부가 곧 직업인 연구자 시절로 다시 돌아간다는 것은 아득한 일이다. 이제는 너무 멀리 왔다.

다시 여성학 석사를 소개합니다

그러나 다시 공부로 돌아갔다. 새로운 수업을 듣기

시작했다. 흐른은 2018년 3월부터 한국양성평등교육진흥원에서 진행하는 성폭력 예방 교육 전문강사 과정을 밟고 있다. 1년 과정을 이수하고 나면 기업이나 공공기관에 파견되어 성폭력 예방과 관련한 교육을 하게 된다. 과거부터 있어왔던 교육이지만 현재 이루어지는 성폭력 예방 교육 강사 선발이 적절하지 않다는 문제의식에서 출발해 보다 나은 전문가를 양성하고자 학관이 연계해 개설한 과정이다. 석박사 과정생 및 학위 소지자들 사이에서 젠더 관련 교육을 기준치 이상으로 이수한 경우 신청할 수 있다. 흐른이 해당 과정의 기획 의도를 설명하기를 이는 대중적인 교육이어야 하지만 전공자들 사이에서 꽤 오랜 시간 외면해왔던 활동이고, 그래서 입담 좋은 강사들이 선점해왔던 일이다. 미투로 인해 교육은 보다 강화될 예정이라 한다.

한편 페미니즘에 대한 사회적 인식이 변하자 음악계가 흐른에게 요구하는 것도 달라졌다. 흐른은 2017년 겨울 처음으로 사회자 제안을 받았다. 공연을 겸한 젠더 토크쇼 '화성인도 금성인도 아닌'을 동료 음악가 이재훈(꿈에 카메라를 가져올걸)과 함께 진행하게 됐는데, 이재훈은 행사의 아이디어를 만든 사람이다. 그리고 기획 과정에 흐른과 이재훈의 소속사 오름엔터테인먼트가 참여했다. 노동법 전문가와 여성 대중음악 평론가와 여성 편집장 등 다양한 직업군이 패

널로 무대에 섰고, 성별 불문으로 노래하고자 또 발언하고 자 동료 음악가도 마이크를 잡았다. 무엇보다도 이 젠더 토 크쇼가 여성단체가 아닌 음악계 동료들의 기획이라는 것이 놀랍고 반가웠다고 흐른은 말한다.

젠더 토크쇼 '화성인도 금성인도 아닌'은 2017년 겨 울 두 차례에 걸쳐 이루어졌다. 11월 11일 이루어진 첫 번째 행사에선 연애와 결혼 등 이성 관계 안에서 여성이 겪는 문 제를 나눴다. 사적인 관계에서 일어나는 일들을 페미니즘 관 점에서 바라보기, 즉 남자친구 혹은 남편의 태도가 좀 불편 한데 이건 둘만의 문제일까 젠더라는 사회적 문제일까를 고 민하는 시간이었다. 성관계와 피임을 축으로 여성이 생각하 는 동의의 의미가 무엇인지를 물었고, 그밖에 데이트 폭력부 터 가정 내 가사노동 분담에 이르기까지 다양한 토론이 오 갔다. 12월 18일 이루어진 두 번째 시간에는 일하는 여성을 다뤘다. 십대 아르바이트 시절부터 삼십대 이후 찾아온 경 력단절까지 구구절절한 여성의 사연이 생애주기별로 소개됐 고, 직장 내외에서 겪는 성폭력에 대한 법적 대처도 함께 나 눴다. 행사 중간중간 공연이 이어졌지만 그날만큼은 공연보 다 말이 더 뜨거웠다.

행사 당일 진행자 발표 시간에 흐른을 소개하면서 여성학 석사라는 설명이 또 붙자 흐른은 잠깐 쑥스러워했다. 10년 넘게 따라다니는 그 수식이 한때는 싫었고 이제는 보다 생산적인 페미니즘 논의를 만들어가는 일에 어쩌면 기여할 수 있다고 긍정하게 됐지만, 그래도 여전히 좀 부끄럽다.

두 번의 토크쇼를 앞두고 흐른은 그간 경험했던 다른 공연에 비해 준비를 많이 했다. 최근 직장 생활을 시작해 전만큼 여유가 없지만 시간을 쪼개 회의에 참석하고 집에 돌아와 늦게까지 자료도 만들고 그랬다. 처음에는 사회자니까 중립적인 위치에서 무대에 오른 모두의 발언을 일목요연하게 정리하고 조율하는 역할에 집중해야 한다고 생각했다. 그러나 기획과 진행에 참여한 모두가 꼭 그럴 필요 있겠느냐 했다. 하고 싶은 대로 자유롭게 이야기하는 분위기를 만들자 했다. 흐른을 비롯해 참여한 이들 모두가 할 말이 넘쳤다. 여성을 화두로 터진 물꼬는 봇물이 되었고 이제 쉽게 막을 수 없게 되었다. 페미니스트 시인 뮤리엘 루카이저는 이미 그 폭발을 예측한 바 있다. "한 여자가 자기 삶에 대해서 진실을 말한다면 어떻게 될까. 세상은 터져버릴 것이다." 두 시간으로 예상했던 젠더 토크쇼는 세 시간을 넘겼다.

흐른의
페미니즘 교과서

젠더 트러블

주디스 버틀러 | 조현준 옮김 | 문학동네

"2004년 논문의 핵심적인 배경이 되었던 책이다. 어떻게 번역되었는지 잘 모르겠다. 그때는 원서를 읽는 것이 당연했고, 오히려 한국어로 번역된 여러 자료들을 보면서 혼란을 느꼈다. 책은 젠더, 즉 여성성과 남성성이라는 사회적 성별이 생물학적으로 타고난 것이 아니라 수행을 통해 구축되는 정체성이라 주장한다. 여성은 여성성이라는, 남성은 남성성이라는 사회적 규범을 연기한다는 것이다. 그러니젠더에 있어 원본이란 없다. 주디스 버틀러의 이론은 이성애자 여성과 남성뿐 아니라 성소수자 관계 내에서 구분되는 역할에 적용되기도 한다. 조금 어려운 건 사실이지만 젠더 이해에 있어 일독할 가치가 있는 책이다."

두 개의 목소리

초판 1쇄 인쇄 2018년 6월 30일

발행 | 산디
글 | 이민희
편집 | 이수연
디자인 | 소요 이경란

출판신고 | 2017년 5월 15일 제2017-000125호
전화 | 02 336 9808
팩스 | 0504 222 1470
sandi@sandi.co.kr
instagram.com/sandi.books

ISBN | 979-11-962013-1-9 03330

* 책값은 뒤표지에 있습니다.
* 이 책의 내용 전부 또는 일부를 이용하려면 반드시 저작권자와 산디의 허락을 받아야 합니다.
* 이 도서의 국립중앙도서관 출판예정도서목록(CIP)은 서지정보유통지원시스템 홈페이지(http://seoji.nl.go.kr)와 국가자료공동목록시스템(http://www.nl.go.kr/kolisnet)에서 이용하실 수 있습니다.(CIP제어번호: CIP2018013631)